歴史文化ライブラリー
141

藤原摂関家の誕生

平安時代史の扉

米田雄介

吉川弘文館

目次

平安時代史を学ぶ人のために――プロローグ

研究対象の彷徨

平安時代の研究、とくに摂関制《せっかんせい》について研究を行いたいと考えてから、かれこれ四〇年余りになる。学生時代から漠然と平安時代に対するある種のあこがれも、幻想もあったが、研究についてはなかなか思うに任せず、心のどこかで何とか初志を貫きたいものと思いつつ四〇年余りが経ってしまった。この間、平安時代史について考えてこなかったわけではなく、それなりにいくつかの論文を書いてきた。

かつて私は宮内庁書陵部に勤務していた。ご存じの方も多いと思うが、同部は多くの図書・記録を保存し、すぐれた先輩・同僚が文字どおり鎬《しのぎ》を削っているところで、いまも多くの研究者が日夜研鑽《けんさん》に努めている。ただ私などは在職中は公務に追われることが多く、個人的な研究に手が回らないところもあったが、いま振り返ってみると、一等史料に囲まれて研究していたようで、大変ありがたい環境に置かれていたのである。しかしそのような環境であるにもかかわらず、当時はそのありがたみを十分に認識することなく、公務多端を理由に研究は後回しにしてきた。

その後、奈良・正倉院事務所に勤務することになると、宝物《ほうもつ》の保存管理を任務とすることから、研究対象は正倉院宝物に移ることになった。したがって平安時代史に関する研究は、一時、休業せざるを得なくなった。何しろ私の手許には、当然ながら平安・鎌倉時代の原本はもとより古写本などはなく、わずかに平安時代関係の若干の刊本があるだけである。したがって当面、平安時代に関する研究は休業せざるを得なかったが、一方では、宝物に関する研究を進めなければならないとの思いもあって、在任中はもとより、退官後も引き続き宝物に関する研究を行っており、この方面の研究自体は今後も継続していきたいと考えている。

ところで正倉院事務所を退官後、ご縁があって広島の女子大学に勤務することになった。ますます平安・鎌倉時代の原本・古写本とは縁遠くなったが、学生とともに平安時代史についても考えることができるようになり、また大学以外のところで述べたり書いたりする機会を与えられ、少しずつ平安時代史研究を行ってきた。このたび、それらのなかから、摂関制を考えていくのにかかわる基礎的なものについて焦点を絞ってまとめてみた。

本書の視角

藤原摂関家は、よく言われるように藤原道長《ふじわらのみちなが》の時代を頂点にしているが、その頂点に至るまでには、中臣鎌足《なかとみのかまたり》以降、文字どおり、紆余曲折をへている。たとえば七世紀半ばの大化改新時に活躍をした鎌足、七世紀後半から八世紀にかけて、鎌足の子藤原不比等《ふひと》による律令の制定、さらに不比等の四人の子供たちによる藤原四家（南家《なんけ》、北家《ほっけ》、式家《しきけ》、京家《きょうけ》）の成立と太政官《だいじょうかん》の掌握、その後も藤原仲麻呂や百川《ももかわ》、種継《たねつぐ》らの活躍、さらには藤原氏のなかでも、八世紀前期に成立した四家のなかから、平安時代の初期には北家の内麻呂、冬嗣《ふゆつぐ》らが政権の中核にすわり、さらには天皇とのミウチ的関係をもとにして、やがて良房《よしふさ》、基経《もとつね》らが摂政《せっしょう》・関白《かんぱく》となって藤原氏の政治的基盤を盤石のものとしている。本書では、そのような藤原摂関家の成立を中心に、律令制のなかから摂関制がどのように成立していくかについて検討することにした。

本書は九章に分かち、以下のような内容を検討することにした。まずはじめに断っておきたいのは、本書は純然たる研究書というよりも、研究の現状と問題点を明らかにし、これから平安時代史の研究を始める方々の参考にもなるように考えて編んだものである。したがって取り上げたテーマのはじめに、テーマを考察するうえで基本的な史料とは何か、その取り扱いや問題点などについてそれぞれに検討し、ついで各章のテーマについて考えることにし、できるだけ研究史が解るように心がけたつもりである。そのために議論の出発点にまで遡って検討しようとしたものもある。なかには、今日ではほとんど省みられない研究を取り上げているものもあるが、問題の本質がそもそもどこにあったのかを振り返って考えたいとの想いからである。

本書の構成

まず、「長岡京《ながおかきょう》と平安京《へいあんきょう》」の章では、長岡京と平安京への遷都《せんと》について検討した。七〇年におよぶ平城《へいじょう》京《きょう》から、なぜ長岡京へ、さらには一〇年後に平安京へ遷都したのかを考えたものである。それらの遷都の事情を、本来ならばもっとも正確にかつ詳しく述べていなければならない正史である『続日本紀《しょくにほんぎ》』、『日本後紀《にほんこうき》』の記事が欠失もあって不十分である。しかしながら残っている文献をどのように操作することで何がわかるか、また長岡京の発掘成果を踏まえるとどこまでわかるかなどについて、はじめに検討することにした。とくに近年の長岡京の発掘は著しい成果を挙げており、かつてたいした造営が行われることなく捨てられた都であったと言われていたことが、実はとんでもない誤りであることが明らかにされつつある。しかも長岡京は平安京とも通じる箇所があって、平城京とは異なった構造を持つ部分のあることが解明されつつある。その構造の分析から新しい国家理念を窺い知ることができるようである。もとよりまだ調査が完了していないから、今後に期待せざるを得ないところもあるが、さまざまな問題点を持っていることを紹介することにした。

ついで「平安時代初期の政変」の章では、平安時代の初期に発生したいくつかの政変について検討した。最初に取り上げた藤原種継の暗殺事件は、長岡京の建設途上に発生したものである。この事件は、天皇に信頼の厚い藤原種継が何者かによって暗殺されたものであるが、実は新京の建設に反対したり、藤原氏の排斥を企てた大伴氏らによって引き起こされた事件だといわれている。しかしはたしてそう考えなければならないか、この後も藤原薬子《くすこ》の変、承和《じょうわ》の変、応天門《おうてんもん》の変などが生じているが、この事件の原因や結果を単純に藤原氏と他氏族との対立に由来するという氏族間の対立抗争という図式では捉えられないという研究が出されている。したがって平安初期の政変を一括して一刀両断的に処理するのではなく、個々の事件について詳細に分析し、事件の原因がどこにあったのか、首謀者は何を意図していたかなど、個別に問題の本質を考えることが大切である。

次の「成立期の摂関制」(一)と(二)の二章は、藤原良房・同基経が人臣にしてはじめて摂政・関白に補任《ぶにん》されるが、そこでの問題点を取り上げている。まず良房・基経の摂政・関白の補任時期に関する史料は少なくないが、『日本三代実録《さんだいじつろく》』と『公卿補任《くぎょうぶにん》』の記載が一致しないなど、出典によって補任の年月日が相違している。もっとも近年の研究によると、摂関の補任時期は確定されているが、誤って伝えられていた年月日について、単なる間違いとして処理するのではなく、なぜ、誤って伝えられているのかを考えてみると、明らかになるであろう。

摂関制の成立期と展開期に生じている問題が浮かび上がってくる。詳細は本論で見ていただきたいが、出典の違いだけではなく、摂関制そのものが時代によって違っていることが明らかになるであろう。

「律令制と貴族制」の章は、摂関制の成立によって具体的に現れる貴族制について検討した。そもそも律令制のなかにはいわゆる官僚制的な構造があり、そこに貴族制を生み出す基盤があったことを律令の条文を通じて考えてみた。ところで官僚制について、マックス・ウェーバーが五つの指標を提示しているが、律令官僚制を考えるためにその五つの指標をわが律令制の中に当てはめてみると、外見上はその指標に合致しているように見えるが、内実はかなり異なっており、異なっている箇所に実は貴族制の成立を促す要素があったと考えてみた。

次の「藤原氏の経済的基盤」の章では、前章を承けて経済面から律令制の中に貴族制を生み出す要素が存在していることを明らかにしようとしたものである。

そして「執政の家」の章においては、次のように考えてみた。すなわち、摂政・関白となった人はもとより、その一族の人たちも政権担当者、執政者としての自覚を持っており、具体的には史書の編纂や法制の整備などを行っていると考えられる。かかる執政者としての自覚は自身の日記の中に窺うことができる。日記とは、日々の記録にとどまらず、政治の備忘であり、儀式典礼の記録である。したがって貴族は自身の日記はもとより、先人の日記を読んで、間違いのないように事柄に対処しようとしたのである。そのことをつづく「日記」の章でも取り上げ、儀式・故実の手鑑《てかがみ》としての観点から、日記の意味と効用について、さらに広い範囲から検討してみた。

最後の「外戚」の章は、藤原摂関家が権力を確立していく過程で重要な視点の一つとされる天皇とのミウチ関係について検討した。しばしば摂政・関白は天皇の外戚であるといわれているが、すでに明らかになっているように、たしかに摂政は平安時代後期までは天皇の外戚であることを補任の必要条件としていたが、関白については、必ずしも当初から天皇の外戚であることを要件とはしていなかったのである。しばしばこの事実を忘れ、両者を同一視することがあるが、厳密にこの区別に配慮すると、摂政と関白の違いが明確になる。

以上、九章にわたって藤原摂関家の成立期の問題について論じてみた。ここでは主として藤原良房に始まる前期摂関時代といわれる時期が対象になっているが、藤原摂関家の成立期について、まだ論じ残した問題は少なくない。とくに私自身の関心にかぎっていえば、摂関家の家司、そのこととの関連での家政機関、政所《まんどころ》からの下文《くだしぶみ》、また地方政治と摂関家の関係、さらには摂関家の経済、ことに荘園支配などについても検討しなくてはならないと思うが、今後の検討課題としておきたい。

最後に「参考文献」を一括して掲げておいた。本書の性質上、文中にいちいち注記する煩雑を避けたためであるが、一面では出典が曖昧になったところがあるかもしれない。是非とも巻末に掲出の参考文献については参照していただきたいと思う。もとよりここに掲出した以外の文献からも多くの示教を得ているが、省略せざるを得なかった。

当初、私は「律令制から摂関制へ」とする研究史を準備していたが、かなりな分量になることから割愛することにした。いずれ何らかの形で公にしたいと思っている。その節には、本書と併せてご叱正戴ければと願っている次第である。

長岡京と平安京

遷都をめぐって

『続日本紀』と『日本後紀』

一〇〇〇年におよぶ王城の地京都が成立したのは、八世紀末、西暦七九四年のことであるが、平城京を捨てて新たな都はなぜ作られたのか、都造りにどのような問題があったのかについて考えてみたい。京都は天皇のための都であると同時に、天皇とともに歩んできた藤原氏にとっても一〇〇〇年の故郷であるから、まず都城《とじょう》の成立期の問題を取り上げることにしよう。

平安遷都に関する史料の欠如

延暦十三年（七九四）に山城国葛野《かどの》郡への遷都《せんと》が行われたが、現在までのところ平安遷都の意味は必ずしも明らかではない。一つは、平安遷都に関する史料が十分残されていない。第二に平安遷都に先だって都として造営され、廃都となった長岡京の性格がもう一つはっきりしない。第三に平安遷都あるいはその前の長岡遷都よりも、なぜ平城京を捨てなければならなかったのかの理由がいまのところ明確ではない。

そこで、これらについて考えなければならないが、平安遷都に関する史料からみていこう。

延暦十三年といえば、桓武《かんむ》天皇の治世下にあり、ちょうど、『日本後紀《にほんこうき》』の範囲内にある。『日本後紀』は六国史《りっこくし》の第三番目の書で『日本書紀』、『続日本紀《しょくにほんぎ》』の後を承《う》けて編纂された正史である。六国史については、表1に若干の整理をしておいたのでみていただきたいが、『日本後紀』はもと四〇巻あったが、現在その四分の一しか残っていない。他の五国史がほぼ完全に伝えられているのに本書のみが散佚《さんいつ》した理由は明らかでないが、おそらく応仁の乱前後に失われたのであろう。すでに江戸時代の初めには幻の書になっていた。ところが塙保己一《はなわほきいち》の門弟稲山行教《いなやまゆきのり》が京都で一〇巻分を発見し、ようやく本書の姿が一部史上に姿を表わすことになった。その後、また別ルートから本書の写本が発見されたが、内容的には稲山行教の発見分と同じもので（写本としては良質のもの）、やはり一〇巻分であった。爾来《じらい》、『日本後紀』の記文についてまとまった発見はなく、現在『新訂増補国史大系』に収められているのは右の一〇巻分のみである。

延暦十三年は『日本後紀』の範囲内と述べたが、実は当該箇所は散佚しており、現在

表1　六国史一覧

書名	巻数	所収年月	撰者(抄)	編修期間 編修下命	編修期間 編修完了	編修年数
日本書紀	30	神代〜持統十一年(六九七)八月	舎人親王、紀清人、三宅藤麻呂	天武十年(六八一)三月十六日	養老四年(七二〇)五月二十一日	39
続日本紀	40	文武元年(六九七)八月〜延暦十年(七九一)十二月	藤原仲麻呂、石川名足、淡海三船、当麻永嗣、藤原継縄、菅野真道、秋篠安人、中科巨都雄	淳仁朝(七五八〜七六四)	延暦十六年(七九七)二月十三日	33
日本後紀	40	延暦十一年(七九二)正月〜天長十年(八三三)二月	藤原冬嗣、藤原緒嗣、源常、藤原良房、良岑安世、清原夏野、小野岑守、島田清田、山田古嗣	弘仁十年(八一九)(月日不明)	承和七年(八四〇)十二月九日	21
続日本後紀	20	天長十年(八三三)二月〜嘉祥三年(八五〇)三月	藤原良房、藤原良相、伴善男、春澄善縄	斉衡二年(八五五)二月十七日	貞観十一年(八六九)八月十四日	14
文徳天皇実録	10	嘉祥三年(八五〇)三月〜天安二年(八五八)八月	藤原基経、南淵年名、大江音人、善淵愛成、都良香、島田良臣、菅原是善	貞観十三年(八七一)(月日不明)	元慶三年(八七九)十一月十三日	8
日本三代実録	50	天安二年(八五八)八月〜仁和三年(八八七)八月	源能有、藤原時平、菅原道真、大蔵善行、三統理平	寛平五年(八九三)(月日不明)	延喜元年(九〇一)八月二日	8

『日本後紀』の記事として見ることができない。このため桓武天皇が平安遷都を行った理由を解明するのが困難になっている。もっとも手がかりがまったくないわけではない。『日本後紀』の記事の一部は、『類聚国史《るいじゅこくし》』『日本紀略』『扶桑略記《ふそうりゃくき》』『政事要略《せいじようりゃく》』(以上、

いずれも『新訂増補国史大系』に所収、吉川弘文館刊行）などに引用されているからである。そこで、江戸時代の初めに鴨祐之《かものすけゆき》がそれらの書をもとに逸文の蒐集《いつぶんしゅうしゅう》を図って『日本逸史《いっし》』を著しているが、編集方法や引用書も今日の学術的水準からみると問題も少なくない。

私などは『六国史』を見る場合、『新訂増補国史大系』所収本のほかに、朝日新聞社刊の『六国史』を使用している。現在、朝日本の入手は容易ではないが、昭和三年朝日新聞社の創立五〇周年記念として刊行され、昭和十五年の紀元二六〇〇年記念として再刊された。そのとき編者である佐伯有義は『日本後紀』の逸文を蒐集して『日本後紀』下として刊行した。若干の誤りはあるが、逸文蒐集方法や態度は厳正でたいへん有益である。これによって『日本後紀』の全貌とまでいかないが、ある程度の姿を偲ぶことができるようになった。ただ『日本後紀』の散佚部分については、前述の『日本紀略』や『類聚国史』によってある程度窺えるが、同年代の記事であるからといって無批判に採取するのではなく、本当にそれが『日本後紀』の逸文か否かについては厳密な史料批判を必要とする。現在、笠井純一が前出の『類聚国史』以下の諸書を検証しつつ、『日本後紀』の逸文を蒐集している。できるだけ早く一書にまとめていただきたいものである。

『日本後紀』逸文の記事は要旨のみを記した簡略なもので、事実の指摘はあるが、委曲を尽くしていない。たとえば平安遷都について『日本紀略』延暦十三年（七九四）十月

丁卯《ひのとう》（二十八日）条に見える次の記文は『日本後紀』の逸文であるが、

遷都す、詔《みことのり》して曰《いわ》く、云々《うんぬん》、葛野の大宮の地は、山川も麗《うるわし》く、四方国の百姓の参り出で来る事も便にして、云々、（原文は漢文）

とあるように、二ヵ所も「云々」とあり、詔文でさえも省略されている。このため遷都の事実は判明しても、遷都の意図や背後関係を明らかにすることができない。現在、平安遷都の意味について定説といわれるものが存在しないのも故なしとしないが、もし『日本後紀』が散佚していなかったとすれば、もう少し平安遷都の意味も明らかになったはずである。

前述のように平安遷都は造営中の長岡京を廃都にして行われている。したがってなぜ長岡京を捨てたのかを考えることで、平安遷都の意味も明らかになるが、長岡廃都についても的確な史料を指摘できない。そこで問題をさらに遡らせて、平城京から長岡京への遷都の意味を考え、そこから平安遷都につらなる問題を検討する方法がある。しかしそこでもまた障害がある。

長岡京造営関係史料も不十分

長岡京は、延暦三年（七八四）十月戊申《つちのえさる》（十一日）に、天皇が平城京より山背国《やましろ》乙訓郡《おとくに》長岡の地に行幸して正式に都と定められたが、平安遷都に至る一〇年間の短命の都であった。このうち延暦十一年から平安京に遷都する同十三年までは前述のごとく『日本後紀』の範囲内（ただし欠失部分）であるが、延暦三年から十年までは『続日本紀』の範囲内にある。『続日本紀』は奈良時代史研究の根本史料で、実に多くのことが記されており、同書の記載はかなり高度の信憑性があるといえる。しかるに長岡京について必ずしも十分に記していない。このため平城京から長岡京への遷都の理由について明らかでなく、ひいては平安遷都も解明できないのが実情である。

『続日本紀』の編集は四段階をへているという。第一は藤原仲麻呂《なかまろ》の主宰のもとに文武天皇元年（六九七）から天平宝字元年（七五七）までを三〇巻とした。第二は光仁天皇のとき天平宝字二年から宝亀八年（七七七）までを二〇巻とした。第三は藤原継縄《つぐただ》のもとに第二段階の二〇巻を編集し直して一四巻とした。第四は菅野真道《すがののまみち》を中心に、第一の三〇巻を二〇巻とし、第三の一四巻のあとを承けて宝亀九年から延暦十年（七九一）までを六巻とし、都合四〇巻として完成した。このように『続日本紀』の編集は複雑な経過をたどっている（『国史大系書目解題』参照）。長岡遷都の記事は第四段階に編集されている。

長岡京への遷都が誰によって行われたのかは問題であるが、造宮長官藤原種継《たねつぐ》や和気清麻呂《わけのきよまろ》、佐伯今毛人《さえきのいまえみし》らが推進者であったらしい。ところが造営開始からまもなくの延暦四年（七八五）に種継が暗殺され、犯人追及の過程で皇太子早良《さわら》親王が種継暗殺に加担していたとして廃太子に発展する。もともと桓武天皇は同母の兄弟である早良親王よりも、皇子の安殿《あて》親王（後の平城《へいぜい》天皇）に皇位を譲ろうとの意向があったらしいから、早良親王が種継暗殺に直接かかわっていたかどうか定かではないが、種継暗殺にかかわりがあるとして皇太子の地位を廃されたのである。これがのちの早良親王の怨霊《おんりょう》を生み、天皇以下貴族らが怨霊に悩まされることとなり、一説に長岡廃都の因《もと》になったとされるほどである。

『続日本紀』編集の第四段階の中心人物は菅野真道である。真道は第三段階から藤原継縄のもとで『続日本紀』の編集に与っていたが、継縄の没後は真道が中心になって第四段階の修史事業を推進した。彼は百済《くだら》系渡来人の子孫で、もとは津連《つのむらじ》姓であったが、真道とともに編集事業に参加していた中科巨都雄《なかしなのこつを》ももと津連である。周知のごとく桓武天皇の母高野新笠《にいがさ》は百済系渡来人の後裔和乙継《やまとのおとつぐ》の女《むすめ》であり、天皇の周辺にはこのような渡来人の子孫が少なくなかった。

『続日本紀』には、長岡遷都に関する記事はいくつか見られるが、種継が暗殺されたあと長岡京の造営関係記事が急に少なくなる。いろいろな理由が考えられるが、その一つに菅野真道が意識的に長岡京造営に関する記事を省いたのではないかと思う。ただし人民の労苦をいたわるような記事は見える。桓武天皇にとって理由はともかく、長岡京造営は失敗であった。天皇の寵《ちょう》をうけていた真道が長岡京造営を詳記することは、結果的に天皇の失政を明記するとの配慮が働いていたのではあるまいか。それに中国において正史の編纂は代替りに前朝までを対象とするのに、『続日本紀』の場合は在世中の天皇の事蹟をも含めている異例さである。史書撰集の下命のあった時点までを編纂したといわれるが、その背後に当代の天皇の治世を賛美しようとの意識が真道になかったとはいえない。

『続日本紀』の完成後のことであるが、『日本後紀』の延暦二十四年（八〇五）十二月壬寅《みずのえとら》（七日）条によると、真道は藤原緒嗣《おつぐ》と殿上においていわゆる徳政論争を行っている。緒嗣が現在、天下の苦しみは軍事（蝦夷《えぞ》征討）と造作（平安京造営）にあるから直ちに両事を止めて天下の安寧をはかるべしとするのに対し、真道は強く反対し、ついに天皇の裁断によって両事を止めたが、当時の財政事情を考えると緒嗣の主張が正論であるのは真道も十分に承知していたのではあるまいか。しかるに真道が異を唱えたのは、この二大事業こそ天皇の畢生《ひっせい》の事業であったことを考慮していたからである。

そのような真道が編纂責任者となっていた部分については、編集に客観性を欠いていたことも十二分に予想できる。廃都の三年後に撰上された『続日本紀』に、長岡京の造営に関する十分な記事がみられないのも右のように考えると納得できる。

ところでこれまで『続日本紀』に本来あるべきはずの長岡京に関する記事が少ないと述べてきたが、あるいは単なる抽象論のように受け取られかねないので、少し煩雑になるが、林陸朗の指摘する関係史料を提示しておこう。なお『続日本紀』『日本紀略』は原文を比較することから、『新訂増補国史大系』に引かれているとおりに掲載した。

『続日本紀』延暦四年九月

乙卯《廿三》、中納言正三位兼式部卿藤原朝臣種継被《レテ》賊《ニ》射薨《ス》、丙辰《廿四》、車駕至《レリ》自《リ》平城、捕《ヘ》獲《テ》大伴継人、同竹良并党与数十人《ヲ》、推鞫《スルニ》之《ヲ》並《ニ》皆承伏《ス》、依《テ》法《ニ》推断《ノ》、或《ハ》斬《シ》或《ハ》流《ス》、其《ノ》種継《ハ》参議式部卿兼大宰《ノ》帥正三位宇合《カ》之孫《ナリ》也、神護二年、授《ケラレ》従五位下《ヲ》、除《セラレ》美作《ノ》守《ニ》、稍《ク》迁《サレテ》、宝亀《ノ》末、補《セラレ》左京《ノ》大夫兼下総《ノ》守《ニ》、俄《ニ》加《ラレ》従四位下《ヲ》、遷《サル》左衛士《ノ》督兼近江《ノ》按察使《ニ》、延暦《ノ》初授《ケラレ》従三位《ヲ》、拝《シ》中納言《ヲ》、兼《ヌ》式部卿《ヲ》、三年授《ケラル》正三位《ヲ》、天皇甚《タ》委任《ノ》之《ヲ》、中外《ノ》之事皆取《ル》決《ヲ》焉、初《メ》首《トノ》建《テ、》議《ヲ》遷《サントス》都《ヲ》長岡《ニ》、宮室草創《ノ》、百官未《タ》就《ラ》、匠手役夫、日夜兼《ニ》作《ス》、至《テ》於行幸《スルニ》平城《ニ》、太子及《ヒ》右大臣藤原《ノ》朝臣是公、中納言種継等、並《ニ》為《タリ》留守、照《ノ》炬《ヲ》催検《スルニ》、燭下《ニ》被《テ》傷《ヲ》、明日薨《ス》於第《ニ》、時《ニ》年卅九、天皇甚《タ》悼惜《テ》之《ヲ》、詔贈《ノル》正一位左大臣《ヲ》、己未《廿七》、造東大寺《ノ》長官内蔵《ノ》頭従四位下石上《ノ》朝臣家成《ヲ》為《ス》兼衛門《ノ》権督《ノト》、兵部《ノ》少輔美作《ノ》守正五位上藤原《ノ》朝臣雄友《ヲ》為《ス》兼左衛士《ノ》権督《ノト》、

『日本紀略』延暦四年九月　傍線部分は現行の『続日本紀』本文には存在しない。

○乙卯《廿三》。中納言兼式部卿近江按察使藤原種継被賊襲射。両箭貫身薨。○丙辰《廿四》。車駕至自平城。云々。種継已薨。乃詔有司捜捕其賊。云々。仍獲竹良并近衛伯耆桴

麿。中衛牡鹿木積麿。勅右大弁石川名足等推勘之。椊麿欵云。主税頭大伴真麿。
大和大掾大伴夫子。春宮少進佐伯高成。及竹良等同謀。遣椊麿木積麿害種継。
云々。継人高成等並欵云。故中納言大伴家持相謀曰。宜唱大伴佐伯両氏以除種
継。因啓皇太子。遂行其事。窮問自余黨。皆承伏。於是。首悪左少弁大伴継人。
高成。真麿。竹良。湊麿。春宮主書首多治比浜人同誅斬。及射種継者椊麿木積麿二
人斬於山埼椅南河頭。又右兵衛督五百枝王。大蔵卿藤原雄依。同坐此事。五百枝王
降死流伊予国。雄依及春宮亮紀白麿。家持息右京亮永主流隠岐。東宮学士林忌寸
稲麿流伊豆。自余随罪亦流○己未（廿七）。任官。○庚申（廿七）。詔曰。云々。中納言大伴家持。
右兵督五百枝王。春宮亮紀白麿。左少弁大伴継人。主税頭大伴真麿。右京亮同永主。
造東大寺次官林稲麿等。式部卿藤原朝臣（ママ）乎敎之。朝庭傾奉。早良王乎為君止謀気利。
今月廿三夜亥時。藤原朝臣乎敎事尓依弖。勘賜尓申久。藤原朝臣在波不安。此人乎掃
退牟止。皇太子尓掃退止弖仍許訖。近衛椊麿。中衛木積麿二人乎為弖敎支止申云々。」
是日。皇太子自内裏帰於東宮。即日戌時。出置乙訓寺。是後。太子不自飲食。
積十余日。遣宮内卿石川垣守等。駕船移送淡路。此至高瀬橋頭。已絶。載屍
至淡路。葬云々。至於行幸平城。太子及右大臣藤原朝臣是公。中納言種継等並為
留守。種継照炬催撿。燭下被傷。明日薨於第。時年卌九。天皇甚悼惜之。詔贈

正一位左大臣二。」又伝二桴麿等一。遣下レ使就二柩前一告二其状一。然後斬決上。

右に紹介したのは『続日本紀』と『日本紀略』の記事である。先に本章の別の箇所で、『日本紀略』の記事は簡略で省略が多いと記したが、いま『続日本紀』と『日本紀略』の記事を対比すると、むしろ『続日本紀』の方が簡略で省略されているところもある。

林の指摘のように、『日本紀略』の記事のうち傍線部分が現行の『続日本紀』にない。菅野真道が桓武天皇の評価にとって不利になるような記事については『続日本紀』の編集段階で加除訂正したので、『日本紀略』と『続日本紀』の記事を対比すると、それが単なる空論ではないことが確認できるであろう。

ところで天皇の評価にかかわる記事について、加除訂正が行われると述べたが、『続日本紀』には種継の暗殺の事実は報じられており、ついで種継の薨伝《こうでん》が記されているが、『日本紀略』には、種継の薨伝はなく、事件に時の皇太子が深くかかわっていたことを窺わせる記述が随所に記されている。事実か否かはわからないが、『日本紀略』によると、本事件が皇位継承にかかわるものであることが窺える。したがって、菅野真道が、もしも天皇の立場に配慮して、本事件を皇位継承の事件と見たくないと考えて正史に加除訂正を行っていたとすると、私たちは六国史に見える記事だから確実で安心して使えるというわけにはいかなくなるのである。近年、『日本書紀』だけでなく、『続日本紀』はもとより、その他の正史についても、具体的な編纂過程の追跡が行われるようになった。それらの研究が報告されるたびに、その成果を確認しておく必要がある。

真道は『続日本紀』の編纂にあたり、あるいはなかったことをあったかのごとくに記しているのではない。しかし事実を隠したことは、歴史の編纂にあたっては望ましい態度とは言えない。といっていまさら、真道を非難するつもりもないが、私たちは、以下これから、さまざまな史料を検討しつつ、事実関係を明らかにしていこうとするさい、その史料の性質を承知しておかなくてはならない。いちばん確実だといわれている六国史の利用にあたっても、それらの編纂の意図・撰者・方法などを事前に確認しておく必要がある。

脇道にそれたが、『日本紀略』によって『続日本紀』の不備を補ったとはいえ、まだまだ長岡遷都や廃都の理由は十分に明らかにならない。したがって私たちは、別の視角から長岡遷都や廃都、平安遷都を検討しなければならない。

長岡京と平安京への遷都

短命の長岡京が注目されるようになったのはそれほど古くはない。地元の中山修一、小林清らの献身的努力の結果である。かつて長岡京は、和気清麻呂《わけのきよまろ》の薨伝《こうでん》に「長岡新都は十載を経るも未だ功ならず、費はあげて計う可からず」（『日本後紀』延暦十八年二月乙未《きのとひつじ》条）とあるように、一〇年をへてなお未完成であったと記されており、このことが長岡京研究を遅らせてきた理由の一つに挙げられている。しかし一〇年をへて未完成であるのは別に不自然ではなく、平安京も一〇年後になお「営造未だ已まず」（『日本後紀』延暦二十四年十二月壬寅《みずのえとら》条）と伝えられている。

長岡京はどこまで造営されていたか

また一〇年という短命から長岡京は平城京から平安京への過渡的な都であり、臨時的性格をもつものとして軽視されていたようであるが、長岡京の短命は結果であって、この都は当初から平城京から平安京への過渡的都でも臨時的性格のものとして造営されていたわけでもない。かつて中山は、長岡京は少なくとも八割は完成していたといい、小林は七割は出来上っていたという。何をもって七、八割と考えたのか問題もあるが、近年の長岡京の発掘成果をふまえると、中山らの発言は決して誇張したものではない。そのような都であったとすると、長岡京の歴史的意義は独自に追求されねばならない。そのためには規模や構造を具体的に明らかにしていく必要がある。

長岡遷都の理由

現在も長岡京の発掘が進められ、その成果はすでにいろいろの形で報告されているが、そのうちで、内裏《だいり》と朝堂院《ちょうどういん》が分離していたと報告されたのに、注目したい。平城京と異なる両者の分離は、平安京でいっそう明確になるが、長岡京ですでに両者が分離していたことは、平安京が長岡京のプランを踏襲していたと考えられる。条坊制などでも長岡京と平安京の共通性が指摘されているから、長岡京の研究の必要性はこの点からも明らかであろう。

内裏と朝堂院の分離について、天皇の私的生活の舞台である内裏と儀式の場である朝堂院の分離は、天皇権力と国家機構の分離を意味しているであろうから、国家権力の構造を議論するさい留意しなければならず、この建物配置のあり方は長岡遷都に一つの示唆を与えるであろう。ただ、その点についてはこれからもなお議論されていくことであろうから、今後の課題としておきたい。ただ、このような建物配置を唐の長安城《ちょうあん》のあり方に影響されていたのではないかとの指摘もある。都城の建設にあたって中国にモデルが求められるとすると、それは構造のみではなく、都城のもつ思想性や国家機構、それに国家理念との関連も考慮する必要がある。したがって短絡な結論は出せないし、先学諸氏も慎重な検討を進めているのが実情である。今後の発掘成果とも絡めて検討されるべきことであろう。

長岡京の発掘で注目すべき第二点としては多数の木簡が出土したことである。平城京跡や藤原京跡で出土した木簡は、古代史の一部を書き換えさせたり、内容を具体的にさせたりして歴史研究の進展に大きく貢献しているが、長岡京出土の木簡もまた古代史研究の発展に寄与する点が少なくない。短期間の都であったこともあって、出土木簡は年次の接近したものである。それだけに木簡の相互関係は他地域の木簡に比べてわかりやすく、同一書体の木簡といった分類もされており、木簡も作成過程から木簡を付した貢進物の貢献過程なども解明されつつある。今後発掘調査が進めば進むほど、木簡の内容分類はもとより形式・筆跡などの調査も一段と進み、古代地方行政機構や調庸等の収取機構も明らかになっていく。何よりも注目されるのは、東院跡と考えられる遺構が発掘されており、とくに私の個人的な関心もこめてであるが、そこから多数の「勅旨所《ちよくししよ》」「内蔵寮《くら》」「東院内候所《ないこうしよ》」

など天皇近侍官司を示す多数の木簡が出土している。これらは、当時の朝廷の機構・経済・用度を考えるうえで多くの示唆を与えてくれる。ただこれらの遺構が保存されることもなく破壊されていることは、遺跡の保存のあり方について、大きな問題を投げかけている。

このほかにも発掘による成果は少なくないが、右の二点からでも長岡京が過渡的都城や臨時の京ではなく、独自の構造・機能をもった都市であったことがわかる。したがって長岡遷都《せんと》や廃都について十二分の検討が必要になる。

古く長岡遷都について、奈良仏教との訣別とか秦氏《はたし》との関連を指摘されたことがあるが、しかしこれらは遷都の本質的理由とは考え難い。長岡遷都を行う二年前の天応二年（七八二）四月癸亥《みずのとい》（十一日）に、天皇は次のような詔《みことのり》を発している。

朕《ちん》、区宇に君臨し、生民を撫育《ぶいく》して、公私彫弊《ちょうへい》せり、情《こころ》に実にこれを憂う、方《まさ》に此の興作《こうさく》を屛《しりぞ》けて、茲《こ》の稼穡《かしょく》を務め、政《まつりごと》、倹約に遵《したが》いて、財《たから》、倉廩《そうりん》に盈《み》ちんことを欲す、

と述べ、引き続き「今は、宮室は居するに堪え、服翫《ふくがん》は用いるに足れり」として造宮省と勅旨省の二省を廃していたのである（『続日本紀』）。それから幾ばくもたたないうちに、急に遷都が決せられたのは、単に専制君主の朝令暮改ということのみでは片付けられない

問題があったようである。それを滝川政次郎は天命思想に依拠したためとし、北山茂夫は延暦期の二大課題の一つで蝦夷《えぞ》征討との関連を指摘し、天皇は遷都の理由について「水陸の便ありて都を長岡に建つ」（同、延暦七年九月庚午《かのえうま》条）と述べているのは征討軍の派遣とも関係深いとする。天命思想や蝦夷征討のための交通路の問題などはたしかに興味ある指摘であるが、いまのところどの説によるのがよいか決め手はない。なお近年、佐藤宗諄は桓武天皇の即位事情に立ち帰って、長岡遷都の背景を考えるべきだとし、滝川の天命思想を見直しながら、天皇のなかには、讖緯《しんい》思想が根底にあったと考えられるとする説を提出している。

長岡遷都の理由はなお不明であるが、長岡京造営にあたって、天皇はしばしば水陸の便を強調しているように、これが長岡遷都を合理化するものであったのは確かであろう。実際に調庸運搬等に関する人民の辛苦を考えると、大和盆地にある平城京よりも、淀川の水系を利用できる長岡京のほうがはるかに交通至便である。遷都にあたって、天皇らが人民の調庸等の運京を斟酌《しんしゃく》していたとは思えないが、遷都によって為政者が意図したものを直截に表現せずに、あたかも人民に対する配慮にもとづいていると彼らに受けとらせることも重要な統治技術である。さらに留意しておきたいのは都市機能を維持するための用水路の確保である。平城遷都から七〇年、多くの人々の生活用水を確保するのが容易ではなくなっているのではあるまいか。長岡遷都について、天皇は「水陸之便」「水陸有便」などと述べているのは、交通路を確保するということだけではなく、排水も含めた水路の確保が緊急の課題となっていたのではないかと考えられる。もとより私たちは、政策発布の文言をそのまま受けとめ、それが誰によって、何を目的にするのかを明らかにしなくてはならないが、その文言の背後にある政策の別の意図や影響も十二分に考慮しておかねばならない。

長岡京を廃止した理由

長岡廃都・平安遷都も困難な問題である。ちょうど、長岡廃都・平安遷都の決定される時期の根本史料を欠いているからである。かつて長岡廃都（平安遷都）の理由として、(1)早良《さわら》親王の怨霊《おんりょう》のため、(2)葛野郡に蟠踞《ばんきょ》する秦《はた》氏による新京の招致のため、(3)長岡遷都推進グループに対抗する勢力の台頭、(4)洪水説などが論じられてきた。

このうち(2)(3)は最近あまり評価されていないようである。たとえば長岡遷都のさいに(2)に類した考えはあった。たしかに平安遷都のさい、秦氏の活躍は知られているが、秦氏が長岡京を捨てさせるほどの力量があったとは考えられず、(2)が長岡廃都の理由にもならない。(3)も長岡遷都の推進グループと平安遷都の推進グループの間に相違があったとはみえない。むしろ同じグループによって平安遷都が行われているとみることができるから(3)も理由にならない。

そこで(1)であるが、たしかにこれは有力な理由になろう。しかし延暦四年（七八五）の造宮長官藤原種継《たねつぐ》の暗殺に発端した早良親王の廃太子・配流、そして親王の憤死は怨霊を生むに相応《ふさわ》しいものであるが、本当にこれが廃都の理由になりうるであろうか。まず種継が暗殺された後も、早良親王の憤死後も長岡京の造営は続けられているのである。また天皇の側近にあって、天皇の寵愛を蒙っていた菅野真道《すがののまみち》は、平安遷都後の延暦十六年（七九七）正月壬寅《みずのえとら》（十五日）に長岡京の地一町を賜っている（『日本後紀』）。長岡京が怨霊の地であるとすると、なぜ真道が長岡京に土地を与えられたのであろうか。小林清の『長岡京の新研究』は、同じころ長岡京に宅地をもらっていた皇族や貴族名を一覧した表を作成している。その表を見ていると、実際に怨霊が長岡廃都の主たる理由であったとはとうてい考えられない。

怨霊に苛《さいな》まれるのは怨霊となる因《もと》を作った人たちであるから、すべての皇族や官人が悩まされたわけではない。平安遷都後も天皇や貴族たちはさまざまの怨霊に悩まされ、怨霊が人々の生活にいろいろ影響を与えているから、ごく一部の人に限っていえば、怨霊による廃都ということもないことはないのかもしれないが、あくまでもそれは廃都の要因の一つにあげられることがあっても、主因と考えるのはどうであろうか。

それでは長岡廃都の理由はどこに求めるとよいのであろうか。現在、もっとも説得力があるのは(4)の洪水説である。小林清らが主張したもので、廃都の直前に長岡左京に生じた洪水は文字どおり造都に水をさしたとする。延暦十一年（七九二）六月乙巳《きのとみ》（二十二日）に雷雨が起こり、溢水は式部省の南門を倒す勢いであったと伝えているが、ついで八月辛卯《かのとう》（九日）にも大雨のため洪水が起こり、二日後に天皇は葛野川《かどのがわ》畔の赤目崎《あかめざき》に幸して洪水を視察し、その翌日には被災民に賑給《しんきゅう》している（『日本紀略』）。

この二度にわたる水害は突如として生じ、あるいは新京造営による開発と関係があるかもしれないが、ともかく長岡左京はかなりの打撃を受けたようである。災害の状況については小林らの研究に詳しく、以後もこの説は多くの支持を得ており、したがって長岡京はこの水害によって都城としての機能を著しく損なったようである。長岡遷都にあたり、平城京から多数の官人の移住を行い、かなりの規模の官人の新居が建設されていたが、二度にわたる水害は、当然ながらそれら官人の新居にも多大の被害が及んでいたものと考えられる。

平安遷都を行った理由

治山治水こそ帝王にもっとも要求されるものである。実際、天皇は葛野川畔に立って、洪水を見ており、いかにして治水にあたるべきか考慮したことであろう。ところが天皇は洪水の一ヵ月後に大原野に遊猟し、翌年正月には大納言らを葛野郡宇太村に遣わして、遷都のための地を見させ、新都造営に着手している。洪水からさほど遠くない時期に打ち出されている遷都計画は、洪水による遷都説としては説得力を持つ。しかし洪水だけが遷都の理由ではなく、怨霊に苦しめられていた天皇は、洪水による左京の荒廃を目の当たりにして、遷都を決意した、あるいは決意せざるを得なかったというべきかもしれない。天皇にとって、洪水対策を講じるよりも、新京建設によって心機一転を図ろうとしたのではあるまいか。このように考えるのが、現在もっとも妥当な考えのように思われるがいかがであろうか。

ただしそれは、遷都の引き金にはなったものであっても、天皇はもとより貴族たちが遷都せざるを得ないと考えたそもそものイデオロギーとは別であろう。おそらく平安遷都とその前に行われた長岡遷都は理念を同じくしており、長岡遷都では可能とならなかったものを、平安遷都で実現しようとしていたのであろう。それが何かを考えるのがこれからの課題であり、逆に平安遷都の理由がわかれば長岡遷都の理由も解明されることになろう。さきに佐藤が桓武天皇の長岡遷都の背景に讖緯説があるのではないかとされるのは、ひとつの見解として注目しておきたい。

『日本紀略』によると、延暦十三年十月丁卯《ひのとう》（二十八日）に天皇は遷都の詔を発している。この詔は、前節に紹介しておいたが、詔は全文ではなく省略されているから、遷都の理由は明確ではない。ただわずかに残されている文言から見ると、新京は山紫水明の地であること、四方の国の百姓の参集に便利な地であることを遷都の理由にしている。ついで十一月八日、天皇は詔して、都を置いたこの地は、山や河が襟や帯のようになって、自然に城を形づくっているところである。したがって従来は、平城京の背後の地であることから山背《やましろ》国と記していたが、国号を改めて山城《やましろ》国とするとし、さらに喜び集まってきた民衆は口々に新京を寿《ことほ》いで平安京と言ったと述べている。しかもこの地が民衆にとっても、まことに申し分のないところと考えていたらしい。しかし百姓の参集地として、つまり調庸の運輸の面で便利であったといえるであろうか。長岡京と比較した場合、長岡京の方が地の利の点では勝っている。その地を捨てて新都の建設を行うにさいし、新京が百姓の参集に便利であると述べているのは、遷都が天皇の意志によって行われているとしても、人民の動向を無視することはできなかったためであろう。

長岡廃都の原因を洪水に求めたが、前記のように何よりもまず天皇は治水事業を起こすべきである。しかし長岡京において、具体的な治水対策を講じたとは考えられない。だが天皇はさらに葛野郡に遷都を行ったのち、一大河川事業に着手している。まさにそれは治水にかける天皇の決意の表れと見るべきものであろう。

一つは、東京極の東の鴨川の改修、もう一つは西京極の西を流れる葛野川の修堤である。

このほかにも若干の河川改修が行われたらしいが、長岡廃都の原因を考えると、この大土木工事の意味は明らかである。ただしこのような大土木工事が直ちに成功を収めたとはいえないようである。弘仁年間（八一〇～八二四）に、西の葛野川には防葛野河使を置いて堤の巡察や修築に当たらせているようであるが、葛野川の氾濫は右京の衰退の一因にあげられるようにその後も同川はしばしば氾濫しているし、同じころに東の鴨川も防鴨河使を置いて治水対策に充てている。しかし平安時代後半の白河上皇が嘆いたように、鴨川は文字どおり意のままにならない河川であった。それにしても平安遷都まもなくに行われた治水事業によって、平安京は、「千年の都」として栄えることになったのである。

平安時代初期の政変

藤原種継の暗殺事件

藤原氏による政権掌握過程

藤原摂関家《せっかんけ》による政権掌握の過程で、あるときは藤原氏と他氏族との抗争が行われ、あるときは同じ藤原氏同士による権力争いが行われていたと指摘されている。たしかに藤原氏を中心とする奈良・平安時代政治史のなかで、藤原氏のかかわっている政変は多く、むしろ藤原氏のかかわらなかった政変はなかったと言っても許されるかもしれない。

奈良時代の長屋王《ながやおう》の変をはじめ、藤原広嗣《ひろつぐ》の乱、橘奈良麻呂《たちばなのならまろ》の変、恵美押勝《えみのおしかつ》の乱、氷上川継《ひかみのかわつぐ》の変などに、強弱の違いがあるが、いずれも藤原氏がなんらかの形でかかわっている。これらのなかには、藤原氏が他氏族の勢力伸長に危機感を抱き、他氏族を排除しようとして起こしたといわれるものも存在する。しかしこれらの事件が実際のところ藤原氏と他氏族との対立の構図のなかで起こった事件かどうかには問題がある。むしろそれぞれの政局のなかで、時の権力に対抗して発生した事件に藤原氏が絡んでいたと捉えておきたい。

以下、平安時代に引き続き起こっている政変を取り上げながら、藤原氏による政権掌握過程について検討していきたい。

種継の暗殺　長岡京の造営については前章を参照されたいが、そこでふれた長岡京の建設を中断せざるを得なかった理由、必ずしも決定的な理由ではないが、その一つに、種継《たねつぐ》暗殺事件が存在した。

そもそも長岡京の造営は延暦三年（七八四）五月丙戌《ひのえいぬ》（十六日）に始まる。『続日本紀《しょくにほんぎ》』の同日条によると、中納言正三位藤原朝臣小黒麻呂《おぐろまろ》をはじめ、従三位藤原朝臣種継《たねつぐ》、左大弁従三位佐伯宿禰《さえきのすくね》今毛人《いまえみし》、参議近衛《このえ》中将正四位上紀《き》朝臣船守《ふなもり》、参議従四位上大中臣《おおなかとみ》朝臣子老《こおゆ》、右衛士督《うえじのかみ》正四位上坂上大忌寸《さかのうえおおいみき》苅田麻呂《かりたまろ》、衛門督従四位上佐伯宿禰久良麻呂《くらまろ》、陰陽助《おんようのすけ》外従五位下船《ふね》連田口《たぐち》の八人を山背《やましろ》国に遣わし、乙訓《おとくに》郡長岡村を相《み》させている。いうまでもなく遷都のためである。七〇年におよぶ平城京からの訣別が正式に打ち出されたのである。

遷都の推進者として、まず藤原朝臣小黒麻呂が挙げられるが、翌月己酉《つちのととり》（十日）には、藤原朝臣種継をはじめ佐伯宿禰今毛人、紀朝臣船守、散位《さんい》従四位下石川朝臣垣守《かきもり》、右中弁従五位上海上《うなかみ》真人三狩《みつかり》、兵部大輔《ひょうぶだいふ》従五位上大中臣《おおなかとみ》朝臣諸魚《もろうお》、造東大寺次官従五位下文室《ふんや》真人忍坂《おしさか》麻呂《まろ》、散位従五位下日下部《くさかべ》宿禰雄道《おみち》、従五位下　丈部《はせつかいべ》大麻呂《おおまろ》、丹比《たじひ》宿禰真浄《まきよ》らを造長岡宮使《ぞうながおかぐうし》に任命し、さらに六位官人八人を補佐として長岡京の造営に着手させている。小黒麻呂とともに種継や佐伯今毛人、紀船守らが遷都計画の中心的な役割を果たしたものと考えられる。

十一月戊申《つちのえさる》（十一日）、天皇は長岡京に行幸、翌年正月丁酉《ひのととり》（一日）の朝賀の儀式はまだ十分に完成していない新京の大極殿において行われた。『続日本紀』によると、「其儀如常」と記しているから、朝賀の儀式を行うためにかなり無理をしたところもあったかもしれない。

その半月ばかり前の延暦三年十二月乙酉《きのととり》（十八日）に、在地の豪族の一人である外正八位下秦忌寸《はたのいみき》足長《たりなが》が「築宮城」という理由で従五位上の位階を授けられている。造都事業が始まったばかりで、いきなり宮城を築くとあり、具体的にそれが何を指すか不明であるが、地方豪族の扱いを受けている秦氏の一人が従五位上に列せられているところを見ると、造都にあたってよほど功績があったものと思われる。あるいは大極殿の造営に秦氏本来の経済的活動にもとづく成果、つまり財物などの献上があったのかもしれない。

なにはともあれ、延暦四年の正月はいつものように朝賀の儀式が行われたが、その年の九月乙卯《きのとう》（二十三日）に造都の責任者の一人である藤原種継が賊に射られて薨去《こうきょ》するという事件が生じたのである。かねてより、長岡遷都については宮中の内外に多くの反対があり、種継を暗殺することで、遷都を阻止しようとしたものといわれている。たしかに種継を暗殺することは尋常ではないが、しかし種継暗殺が平城京から長岡京への遷都を阻止することになるかどうか、いささか疑問といわざるを得ない。

そのことを考える前に、事件の発生から、その処置に至る経緯を『続日本紀』を基に整理してみよう。

事件の経過

延暦四年八月丙戌《ひのえいぬ》（二十四日）に、天皇は平城宮に行幸された。これより先、朝原内親王は平城に斎居《さいきょ》していたが、ここにきて斎の期がすでに竟《お》わったので、いよいよ伊勢神宮に参向しようとしていた。そこで天皇は内親王を見送るために平城京に行幸されたのである。内親王は桓武天皇の第二皇女である。

庚寅《かのえとら》（二十八日）、中納言従三位大伴《おおともの》宿禰家持《やかもち》が薨去したと報じられている。『続日本紀』によると家持は従三位であるから薨去となければならないのに「死」とのみ記されている。後に述べるが家持の置かれている立場がよく解るであろう。

九月乙卯《きのとう》（二十三日）、中納言正三位兼式部卿藤原朝臣種継が賊のために射殺された。

図1「種継暗殺事件」天皇と藤原氏関係系図

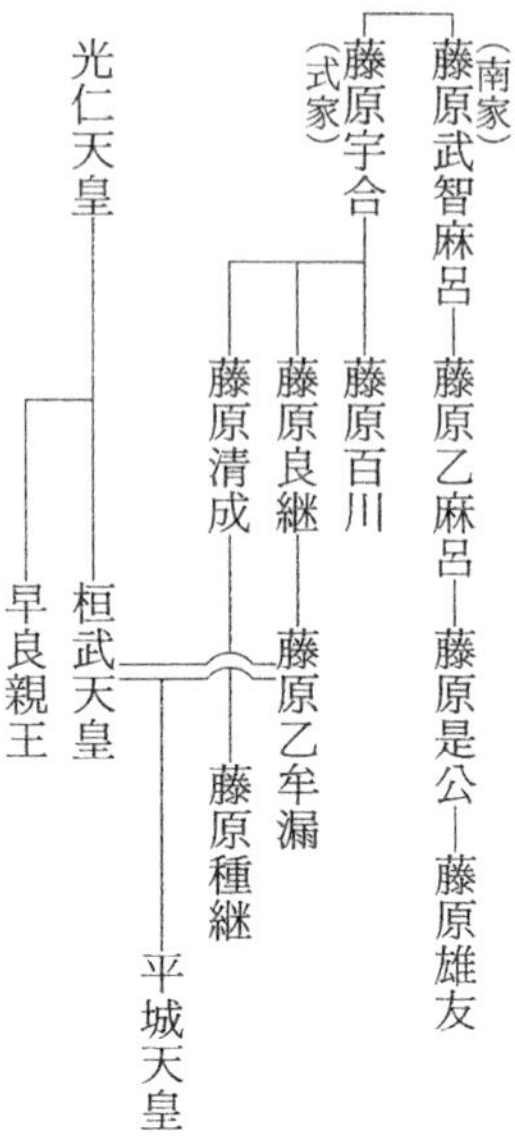

家持の薨去からすでに二〇日余り経っていたのである。

丙辰《ひのえたつ》（二十四日）、種継暗殺の翌日にあたるが、「車駕《しゃが》（天皇のこと）、平城より至り、大伴継人《つぐひと》、同竹良《ちくら》並びに党与のもの数十人を捕らえて尋問したところ、皆は承伏したので、法によって推断し、或は斬とし、或は流に処した」と記している。また殺害された種継は参議式部卿兼大宰帥《だざいのそち》正三位宇合《うまかい》の孫で、官位昇進して延暦の初めには従三位中納言となり、式部卿を兼任、さらに正三位に昇進、種継は、中外のこと皆決を取るといわれるほどに天皇の信任が厚かったという。そのこともあって天皇が平城京に行幸の時に、種継は、皇太子早良《さわら》親王、右大臣藤原朝臣是公《これきみ》とともに留守官に任命されていたのである。ところが種継が射殺されてしまった。天皇は急ぎ平城から長岡京に帰られたが、まさに後の祭りであった。時に年四十九、天皇ははなはだ悼惜《とうせき》し、詔して正一位左大臣を贈られている。

ところで右は『続日本紀』にもとづいているが、前章で紹介したように、『日本紀略』

の種継暗殺関係記事は『続日本紀』の記事に比較して詳細である。詳しくは前章を参照していただきたい。

さて『日本紀略』の当該記事によって、事件の調査とその処置について紹介すると、次のとおりである。

丙辰《ひのえたつ》（二十四日）、平城京から帰ってきた天皇は、直ちに大伴継人、同竹良、また近衛伯耆桴麿《ほうきのいかだまろ》、中衛牡鹿木積麿《おじかのこつみまろ》を捕らえ、右大弁石川名足《なたり》らをして、事件の全貌解明にとりかからせている。

逮捕された近衛伯耆桴麿の自白は衝撃的であった。主税頭《しゅぜいのかみ》大伴真麻呂《ままろ》、大和大掾《だいじょう》大伴夫子《ふし》、春宮《とうぐう》少進佐伯高成《さえきのたかなり》および大伴竹良らが謀って事を起こしたが、もともとは大伴家持が生前に大伴・佐伯両氏を糾合《きゅうごう》して種継暗殺計画を立て、すでに皇太子早良親王に報告して了解を得ていたというものであった。

この報告を聞かれた天皇は、言下に謀反人の処罰を行うこととし、右の関係者のほかに、右兵衛督五百枝王《いおえのおう》、大蔵卿藤原雄依《およい》をはじめ、春宮亮紀白麿《きのはくまろ》、家持の息右京亮永主《ながぬし》、東宮学士林忌寸稲麿《はやしのいみきいなまろ》らを逮捕し、彼らを伊与・隠岐・伊豆国へ配流すると定めている。

己未《つちのとひつじ》（二十七日）、任官があったと『日本紀略』に見える。しかし『日本紀略』には誰がどの官に就いたのかわからないが、『続日本紀』は具体的に任官記事を載せており、衛門権督と左衛士権督の任官が行われていることがわかる。おそらく種継事件に連座したりしている人たちを逮捕・拘留するための体制づくりであろう。ここでは『続日本紀』と『日本紀略』の記事が相補っている様子が窺える。史料の調査の時の留意点がよくわかるであろう。

ついで天皇は、庚申《かのえさる》（二十八日）に詔を下しているが、『続日本紀』には見えず、『日本紀略』によって確認できる。詔によると、種継を暗殺したのは、国家を傾け、早良親王を皇位に即《つ》けようとするものであったと決めつけている。また『日本紀略』は、この日、皇太子が出家して乙訓寺《おとくにでら》に入り、それより一〇日余り食をとらず、淡路島に移送されるなかで、ついに不帰の人になったと記している。

これらの経緯からいえば、早良親王が事件にかかわっていることになるが、このような事件の場合、そもそもが何にもとづいて起こったのか不明のところも少なくない。

たとえば大伴・佐伯氏による藤原種継の排斥という説がある。事件発生の翌日の『日本紀略』によると、「故中納言大伴家持相謀曰、宣唱大伴佐伯両氏以除種継」とあるように、事件の二〇日も前に死亡している大伴家持が主犯の一人とされ、生前に彼は、大伴・佐伯両氏を糾合して種継を除こうと計画したようにみえる。

あるいは早良親王首謀者説もある。この説は、近年、とみに有力になりつつあるもので、皇太子早良親王が遷都反対派と連携して起こした事件ではないかという見方である。早良親王はかつて東大寺において出家していたが、父光仁《こうにん》天皇が即位し、兄の山部《やまべ》親王が皇太子となると、おそらくそのころに還俗し、やがて兄が桓武天皇として即位されると、早良親王は皇太弟《こうたいてい》に冊立《さくりつ》された。ところが南都に縁のある親王は、兄天皇の推進する長岡遷都を快くは思わなかったのか、遷都反対派と連携して平城京へ帰ることを企てた事件であるというのである。そのとおりとすれば、事件は遷都反対派の皇太子早良親王を中心に、大伴・佐伯氏が皇太子に協力して起こした事件ということになる。

しかし造都推進者の種継を除いてしまえば、それで平城京への還都が可能になるのであろうか。たしかに種継は天皇の信任が厚く、「中外のこと、皆決を取る」と言われてはいるが、種継さえいなければというほど、単純なものとは考えられない。

最近、西本昌弘が早良親王は長岡遷都に反対ではなく、むしろ親王の春宮坊《とうぐうぼう》が長岡宮の造営に積極的であったとする見解をまとめている。後述する事情から私もこの見解を支持したい。

早良親王と皇位継承問題

長岡京の建設の最中、藤原氏の勢力がしだいに強大化しつつあることに対する他氏族の不安や、平城宮へ還ろうとする勢力の存在があったことなどを否定するつもりはないが、この度《たび》の事件は、早良親王側の人たちのなかに、造都とは別に、かなり切迫したものがあったのではあるまいか。その不安を取り除くには、藤原氏式家の中心人物である種継を排除することと考えられたのではあるまいか。親王の不安とは、皇位継承問題である。

さきに光仁天皇の譲りを承けて皇位に即いたのは山部親王、つまり桓武天皇と述べたが、天皇は即位するや、皇太子に弟早良親王を立てた。しかしこの皇太弟冊立《さくりつ》は新帝の意思ではなく、光仁天皇の指示にもとづくものである点に留意する必要があろう。皇后には藤原良継の女乙牟漏《おとむろ》が冊立されたが、安殿《あて》親王と加美能（神野）親王の誕生を見ている。しかし安殿親王は、父天皇が皇位を継承したときはまだ七歳であったから、光仁天皇は桓武天皇の弟の早良親王を皇太弟に立てたが、桓武天皇は日増しに聡明さを発揮し始めている安殿親王を見るにつけ、皇位を直系の皇子に譲りたいと考えるようになったのであろう。

桓武天皇が皇位に即いて間もなく、氷上川継《ひかみのかわつぐ》の事件が起こっている。川継は天武《てんむ》天皇の孫の塩焼《しおやき》王を父に、聖武《しょうむ》天皇の皇女不破《ふわ》内親王を母とする天武天皇系の最後の皇親といってもよい人物であった。それだけに川継は皇統が天武系から天智系に移ったことに不満を抱いていたとして、謀反計画が暴露され、首謀者の一人として、参議であった京家の藤原浜成《はまなり》が処刑され、藤原氏四家のひとつ京家が没落、それに絡まってか左大臣藤原魚名《うおな》も解任された。また藤原氏以外には、参議大伴家持、右衛士督坂上苅田麻呂らも謀反に加担していたとして一時、解任されている。のち彼らの嫌疑は晴れるが、皇位継承をめぐる桓武朝最初の事件であった。

その二年後に起こった種継暗殺事件は、早良親王の皇位継承をめぐるものであった。

桓武天皇が天皇の地位に即くことができたのは、実は藤原百川《ももかわ》の尽力に負うところが大きく、天皇は百川を功臣として位置づけていた。その百川の出身が藤原氏のなかでも式家であるが、皇后乙牟漏も式家の出身で、百川の兄の子である。桓武天皇の周囲には、式家藤原氏によって取り囲まれているといっても過言ではないほどの状況であった。しかも暗殺された種継も、式家の出身である。早良親王を取り巻く環境は親王にとってはいたって不利な状況にあったといってもよい。

そのような状況のなかで事件が起こったのである。しかもそれは桓武天皇が長岡京から旧都平城に行幸中の出来事である。ここで注意したいのは、行幸中の留守官に、皇太子早良親王、右大臣藤原是公《これきみ》、それに種継の三名が任命されていたことである。もともと律令によると、天皇の行幸中は皇太子は監国となって、留守中の行政の責任を果たすことになっているから、早良親王の留守官は監国そのものであった。他の二名は太政官の第一と第四の人であった。ところが天皇の留守中に、太政官の第四位の位置にいた種継の暗殺が起こったのである。

当時、藤原氏式家のなかで、もっとも高位にいたのは種継であるから、その種継を除くことは、藤原氏式家に打撃を与えることは間違いなく、早良親王は大伴氏らと結んで具体的な行動を起こしたのであろう。しかし結果は前記のとおり、早良親王の見込み違いとなって、親王は食事もとらずに自らの命を絶ったのである。

事件発生から二ヵ月後の十一月丁巳《ひのとみ》（二十五日）に式家出身の乙牟漏を母とする安殿親王が皇太子に冊立され、翌年正月戊申《つちのえさる》（十七日）には、百川の女旅子《りょし》が桓武天皇の後宮に入って夫人となるなど、結果として藤原氏式家の勢力拡大を招くことになった。

もう一言追加しておくと、次に述べる薬子《くすこ》の変で、平城《へいぜい》上皇や藤原氏式家の仲成《なかなり》や薬子が平城還都を図っている。その点に思いを致すと、種継暗殺事件が、平城還都派の仕組んだものといってよいのであろうか。早良親王に替わって皇太子となり、やがて皇位に即いたのは平城天皇である。後に上皇として政権を掌握しようとし、また上皇の威を借りて順次政権にコミットしていったのは藤原薬子や兄の仲成で、種継の子供である。もし種継が平城還都派に殺害されたとすると、種継の子供たちが後に平城還都の推進者となるには彼ら自身のなかに、かなりの葛藤があるはずである。しかしその痕跡はない。おそらく種継の暗殺は皇位継承をめぐる争いの結果であって、平城還都とは直接関係ないのであろう。

薬子の変

平城上皇側と嵯峨天皇の対立

桓武《かんむ》天皇の後を承《う》けて皇位に即いた皇太子安殿《あて》親王は平城《へいぜい》天皇として政務を見られたが、皇位継承からわずか四年後の大同四年（八〇九）四月一日に皇位を皇太弟《こうたいてい》の神野《かみの》親王に譲られた。皇太弟は三日に辞退の表を奉るが、そのなかで、皇太弟は、「天下神器、不レ可ニ軽伝一、皇業大宝、非レ聖不レ践」と述べている。しかし天皇の決意は固く、ついに皇太弟はそれを容れて皇位に即き、嵯峨《さが》天皇として政務に望まれることになった。一方、平城天皇は譲位後、太上《だいじょう》天皇の尊号を贈られているが、譲位の理由が去春からの病にあったことから、譲位後、いわゆる転地療法を行ったのであろうか、上皇は病を数所に避け、ついに平城京に還られることになった。『日本後紀』大同四年四月戊寅《つちのえとら》（三日）条によると次のとおりである。

天皇遂に位を伝え、病を数処に避く、五遷の後、平城を宮とす、而《しか》して事、釈重《しゃくじゅう》に背き、政は猶《な》お煩《しき》りに出ず、尚侍従三位藤原朝臣薬子、常に帷房《いぼう》に侍し、嬌託《きょうたく》百端、太上天皇甚だ愛し、其奸を知らず、都を平城に還すは、是れ太上天皇の旨には非ず、天皇、其の乱階を慮り、宮外に擯《しりぞ》け、官位悉く免ず、太上天皇、大いに怒り、使を遣わして畿内ならびに紀伊国の兵を発し、薬子と輿を同じくして、川口道より東国に向かうも、士卒逃去する者衆《おお》く、事の遂《と》ぐべからざるを知り、輿を廻らして宮に旋り、落髪して沙門となる、

右の記事には、平城天皇が皇位を退いて以降、薬子の変が発生し、上皇自身の最終的処分がなされたところまでを記している。

さて平城上皇は病を避けて数ヵ所を転々とし、ついに旧都平城京に遷ったが、その後、しだいに体調が回復したのか、僅か四年ぐらいの在位であったことに悔いるところがあったのか、嵯峨天皇の治世に何かと容喙《ようかい》するようになったようである。そしてまた上皇の後宮《こうきゅう》に入っていた藤原薬子《くすこ》が上皇の威光をもとに政令の発布にかかわっていたらしい。もともと上皇の地位は、譲位したとはいえ前《さき》の天皇であり、待遇はもとよりその地位も天皇と同格、もしくはそれ以上に位置づけられることもあった。奈良時代にも孝謙《こうけん》上皇と淳仁《じゅんにん》天皇との間に生じた隙からやがて政令が二途から出されるようになり、恵美押勝《えみのおしかつ》の乱に発

展しているが、ここでも旧都平城に遷都しようとする上皇と桓武天皇の建てた新京平安京を維持しようとした嵯峨天皇との間に大きな亀裂が生じていた。

平城宮の造営開始

さてこの度はあいにくと『日本後紀』は記事を欠くが、『類聚国史《るいじゅこくし》』の大同四年（八〇九）十一月甲寅《きのえとら》（十二日）条に次のように記されている。

右兵衛督従四位上藤原朝臣仲成《なかなり》、左少弁従五位上田口朝臣息継《おきつぐ》等を遣わして平城宮を造らしむ、

延暦三年（七八四）に桓武天皇が長岡遷都を宣言して以来、すでに四分の一世紀をへている。その間、長岡宮に平城宮の諸門が移築されたという伝えもあるように（『続日本紀』延暦十年九月甲戌《きのえいぬ》条）、平城京は荒廃していたはずであるから、それだけに多くの箇所に造作の手を加える必要があったと思われる。そこで平城宮の造営が開始されるが、『類聚国史』のこの記事に見える仲成は薬子の兄であること、間もなく彼は平城上皇側に立って謀反の企てに参画していたとして佐渡権守に任ぜられていること（弘仁元年九月十日）に窺えるように、平城宮の造営担当者の任命は平安京側の承認人事ではなく、平城宮側において恣意に定めたもののようである。しかし『類聚国史』大同四年十二月乙亥《きのとい》（四日）条には、

太上天皇、水路を取り、双船に駕して平城に幸す、時に宮殿未だ成らず、

と、あるように、上皇はまだ宮殿の完成しない平城宮に行幸されている。上皇側としては、平城遷都に向けて着々と既成事実をつくりつつあったのであろう。ついで翌弘仁元年（八一〇）九月癸卯《みずのとう》（六日）条によると、

太上天皇の命に依り、都を平城に遷さんと擬す、正三位坂上大宿禰田村麻呂、従四位下藤原朝臣冬嗣《ふゆつぐ》、従四位下紀朝臣田上等を造宮使と為す、

と見える。いよいよ上皇は平安京にいる貴族たちを命令に従わせ、皇権の所在を明らかにしようとしたようである。ここに平安京と平城京の間にくすぶっていた対立は一気に顕在化し、翌丁亥《ひのとい》（十日）条によると、嵯峨天皇側は行動を開始し、

遷都の事に縁《よ》り、人心騒動す、仍《よ》って使を遣わして伊勢・近江・美濃等三国府並びに故関を鎮固せしむ（中略）、右兵衛督従四位上藤原朝臣仲成を右兵衛府に繋がしむ、

と三関のおかれている国府と関を固めさせ、まず仲成を逮捕している。ついで嵯峨天皇は詔を発して、尚侍藤原薬子は桓武天皇の時代に東宮宣旨として安殿親王の宮に仕え、親王が即位されると一時、薬子は天皇の許《もと》を去るようにさせられるが、譲位後は再び平城上皇の許に参り、上皇に近侍し、上皇の権威を背景に恣《ほしいまま》に政事に容喙し、このため政令が平安京と平城京の二ヵ所から出され、あたかも二所朝廷の様相を呈したといわれている。

しかも平城上皇はさきに桓武天皇が「万代宮」と定められた平安京を捨てて、平城古京に遷都しようとしている。このため嵯峨天皇は天下は擾乱《じょうらん》し、百姓を亡弊させてしまうこととなったとし、さらに、上皇に近侍する薬子が桓武天皇の親王や夫人を凌侮《りょうぶ》することもあるなど、その罪は軽くないと述べ、薬子を宮中から追放するとしたのである。

薬子の死

翌戊申《つちのえさる》（十一日）に上皇は事態の急激な変化に対応し、川口道から東北に入ろうとしたが、嵯峨天皇側に行く先を阻まれ、己酉《つちのととり》（十二日）に上皇

図2「薬子の変」天皇と藤原氏関係系図

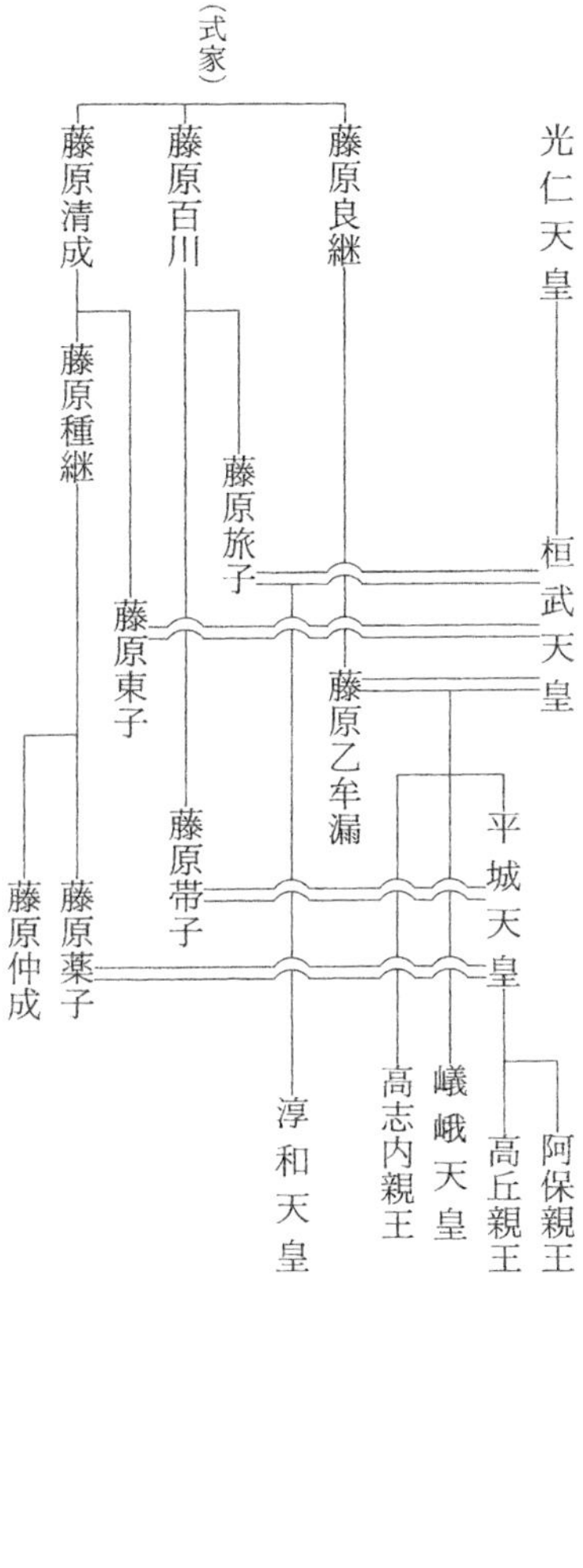

は剃髪《ていはつ》し、薬子は未来のないことを察して自ら毒を仰いで自殺、かくして嵯峨天皇側の勝利となったのである。

事変の背景には、上皇自身、病半ばで譲位した無念もあったであろうから、再度践祚《せんそ》（重祚《ちょうそ》）しようとの願いがあったのかもしれないが、藤原仲成・薬子兄妹にとっても、父種継が業半ばにして倒れたあとを承《う》けて、再び政界に藤原氏式家の地歩を築くためには、上皇の重祚が必要と考えていたのかもしれない。

平城天皇の即位後まもない大同二年（八〇七）五月に伊予親王事件が起き、皇位継承の不安定さを露呈したことがあった。この事件の真相もわかりにくいが、平城天皇の異母弟であった伊予《いよ》親王が皇位を窺っていたとして讒訴《ざんそ》され、真実が解明されないまま、親王およびその母藤原吉子《よしこ》は自殺、吉子の兄に当たる大納言藤原雄友《おとも》は伊予国に配流され、雄友とともに藤原氏南家の出身である中納言乙叡《たかとし》はその職を解任されている。延暦四年の種継の変後に廟堂内でしだいに勢力を蓄えてきた藤原氏南家は、この事件によって勢力を失っていく。

もともと伊予親王事件は、藤原氏北家の宗成が親王に謀反を勧めたのに端を発したものといわれているが、その背後には式家の仲成がいたのではないかといわれている。もしそのとおりだとすると、伊予親王事件の黒幕となり、薬子の変の表舞台で首謀者となった仲成や薬子に同情の余地はない。これ以降、式家も政治的に後退を余儀なくされることとなり、代わって政界のなかで頭を擡《もた》げてきたのは藤原氏北家の人たちであった。

なお本事件でもう一つ注意しておきたいのは、平城上皇の皇子である高丘《たかおか》親王が、嵯峨天皇の皇太子に冊立されていたが、本事件のあと、皇太子の地位を追われたことである。高丘親王がこの事件にどこまで関与していたのか明らかでないが、親王は出家し、真如親王と号して東大寺において修行を積み、やがて求法のために中国・唐に渡っている。その後、親王が羅越国において没したとのわずかな消息が伝えられているだけで、ついに親王が日本の地を踏むことはなかったのである。

承和の変

嵯峨天皇の崩御

承和《じょうわ》九年（八四二）七月丁未《ひのとひつじ》（十五日）嵯峨太上天皇が崩御された。『続日本後紀《しょくにほんこうき》』によると、次のように見える。

太上天皇、嵯峨院に崩ず、春秋五十七、（中略）勅使等を伊勢・近江・美濃三国に遣わし、関門を固く守らしむ、

嵯峨上皇の崩御によって、直ちに伊勢・近江・美濃の三関が固められている。天皇・上皇の崩御の場合、三関を固めるとは、関の外からの不穏な動きを、あるいは内から関を越えようとする者を押しとどめるためのもので、珍しいことではないが、この時の固関には特別の意味があった。もっともその二日後の己酉《つちのととり》（十七日）に固関を解いているから、何事もないかのように思われるが、実はその日に、春宮坊帯刀《とうぐうぼうたてわき》伴健岑《とものこわみね》と但馬権守《たじまごんのかみ》従五位

下橘《たちばなの》朝臣《あそん》逸勢《はやなり》らの謀反が発覚し、健岑・逸勢が捕らえられ、謀反の糾明が行われている。糾明のなかで明らかにされたことは、嵯峨上皇の亡くなる五日前のことであるが、健岑が阿保《あぼ》親王の許に参り、「上皇が今まさに亡くなろうとしている。間もなく国家に内乱が起こるので、自分は皇太子を擁して東国に入らんと思う」と述べたとのことであった。阿保親王は直ちにその一部始終を書簡として嵯峨太皇太后《たいこうたいごう》に上呈したところ、太后は中納言藤原良房《よしふさ》にその書を給い、時の仁明《にんみよう》天皇に伝奏《てんそう》させている。かくして十七日に固関を解く一方で、逸勢・健岑等を逮捕し、十八・十九の両日に逸勢・健岑の両人を糾問、事件に関与した人々を次々に逮捕したのである。

事件についての記録

世にこの事件を承和《じようわ》の変と呼んでいるが、この事件の真相もわかりにくい。嵯峨上皇の崩御の混乱に乗じて皇太子恒貞《つねさだ》親王を皇位に即《つ》けようとする伴健岑や橘逸勢の画策があったように見えるが、健岑や逸勢らの位階は低く、とうてい政権を掌握できないといわれているが、そのとおりであろう。ただ事件後の処置を見ていると、大納言藤原愛発《ちかなり》をはじめ中納言藤原吉野、あるいは春宮大夫文室秋津《ふんやのあきつ》らも捕らえられており、健岑や逸勢らだけが企てたものではないと考えることもできよう。

しかしそのような事件への取り組みは、形式的であって、真相は別の所にあると考えられている。すなわち事件に直接かかわりを持ったのは、太皇太后から書簡を見せられ、天皇に伝奏を命ぜられたのが藤原良房であることから、本事件は良房の仕組んだものとする見方がある。たしかに、本事件に良房がかかわっていると想像させる要素もある。まず大納言藤原愛発らが失脚しているが、愛発に替わって良房が中納言から大納言に昇進していること、また事件の中心にいた皇太子恒貞親王が廃されると、替わって道康《みちやす》親王が皇太子に立てられているが、親王は良房にとっては甥《おい》に当たることなどから、良房によって仕組まれた疑獄事件と考えられるというものである。

本事件について、これまで『続日本後紀』の記録に従って検討してきたが、『群書類従《ぐんしょるいじゅう》』に『恒貞親王伝』と『橘逸勢伝』が収められている。それによると、皇太子恒貞親王は早くから皇太子を辞す意向を示していたが、とくに親王は「身非家嫡得居儲宮《ちょきゅう》」と述べて皇位を継ぐべきではないと考えていたようである。親王がこのように考えるには、それなりの根拠があったのである。

恒貞親王が仁明天皇の皇太子に冊立されたとき、先の天皇の皇太子に立てられるべき地位にあったのは兄の恒世親王であるが、親王は皇太子就任を固辞して承けず、恒貞親王が兄親王に替わって皇太子に冊立されていた事情がある。このことから恒貞親王は家嫡にあらずして儲宮にいると述べているのであるが、それだけに親王は、皇太子の地位にそれほどの執着はなく、むしろ皇太子の地位をいかにして退くかを常に考えていたようである。

そこで親王は父淳和上皇や伯父の嵯峨上皇に、しばしば皇太子の辞退を申し入れていたが、両上皇に強く慰留され、皇太子の地位に留まっていたのである。しかし父上皇が承和七年に亡くなられ、その二年後に伯父嵯峨上皇が崩御するとすれば、もはや親王を理解してくれる人がいなくなり、親王の立場が不安定になることは間違いない。

事件の真相

事件はそのようななかで起こった。本当に皇太子に謀反の企てがあったかどうか疑わしいが、親王の立場を理解して親王を取り巻いていた人々は、嵯峨上皇の崩御後の親王の身の処し方に深い憂慮の気持ちがあったのであろう。

春宮坊の官人たちが、そのことを慮《おもんぱか》って、たぶん親王の立場をよく理解してくれるであろう阿保親王に、将来について相談したのであろう。阿保親王は平城天皇の皇子で、皇太子となった高丘親王の兄に当たるが、親王は、薬子の変後、大宰員外帥となって九州の地に左遷されていたが、一〇年余りの太宰府住まいから、許されて入京、爾後《じご》、治部《じぶ》・兵部《ひょうぶ》卿、弾正尹《だんじょういん》を歴任、また併せて上野・下野の太守を兼ねているが、特別、政治的な活動はしていない（『続日本後紀』承和九年十月壬午《みずのえうま》条）。しかし阿保親王は、貴族や官人らの非違を正す弾正尹に任じられていることから、健岑らは、まず阿保親王に皇太子の心情を率直にうち明けたのであろう。阿保親王は、そのような相談に対し、事柄の重大さから嵯峨太皇太后、つまり橘嘉智子《かちこ》に書状をもって報告し、善後策を講じようとしたのであ

図3　「承和の変」天皇と藤原氏関係系図

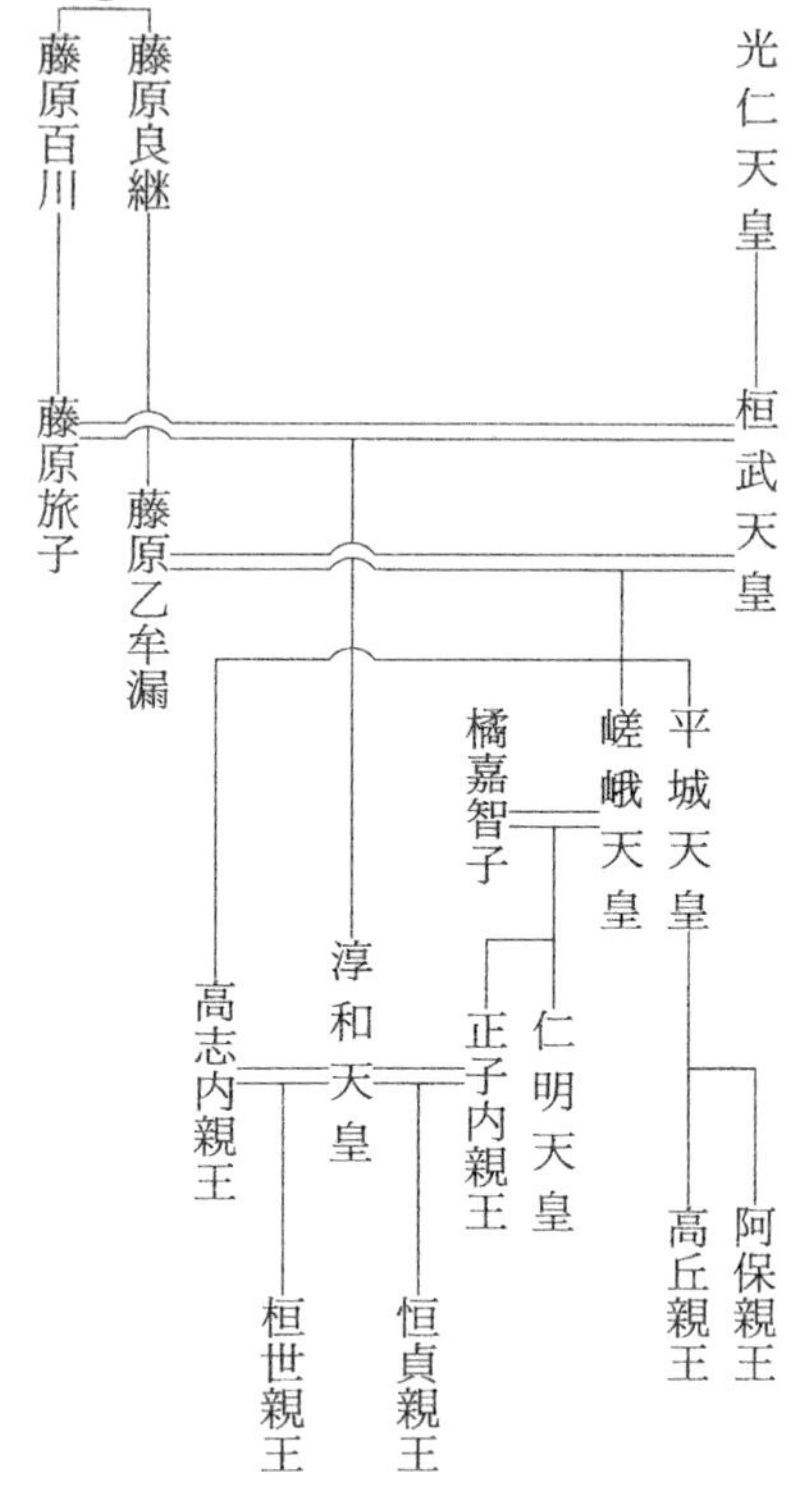

ろう。

阿保親王が太皇太后橘嘉智子に相談したのは、一つには、嘉智子が嵯峨天皇の皇后であったことから、いままさに嵯峨上皇の臨終にあたり、嘉智子に指針を仰ごうとしたのであろう。もう一つは、恒貞親王は淳和《じゅんな》天皇と正子内親王の間に生まれた皇子であるが、その正子内親王は嵯峨天皇と嘉智子の間に生まれている。したがって阿保親王は、誰よりもま

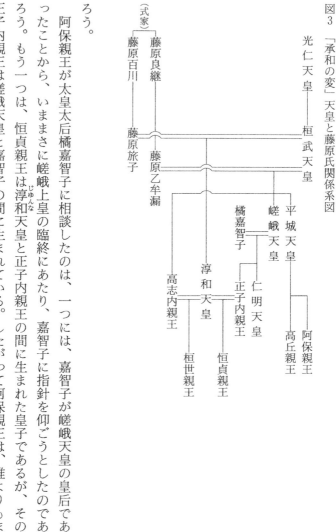

ず嘉智子に相談するのが適切と判断したのであろう。

しかしいかに叡智に長けている嘉智子であったとしても、難問を前に、自身で判断できず、藤原良房に託して仁明天皇に伝奏させたのである。おそらく阿保親王としては秘かに問題の解決を図ろうとしたと思われる。しかし何人かの人を介して報告しているうちに、しだいに秘密ではなくなったのであろう。事が公になると、なんらかの対策をとらねばならず、かくして承和の変が起こったのである。したがって承和の変は、武器をもって争われたものではない。

さきに指摘したように、承和の変を藤原良房の陰謀と見る説があるが、以上の経緯からいえば、その説は成り立たないことになろう。しかし事件の処置をもう少し検討しておきたい。

承和九年（八四二）七月乙卯《きのとう》（二十三日）に恒貞親王は皇太子を廃され、代わって八月乙丑《きのとうし》（四日）に皇太子に冊立されたのは道康《みちやす》親王であった。新皇太子は仁明天皇と女御藤原順子《じゅんし》の間に生まれた第一皇子である。しかも順子は、藤原冬嗣《ふゆつぐ》の女《むすめ》で、良房の妹にあたっているから、良房は皇太子の外舅《がいきゅう》になる。後に皇太子は即位して文徳《もんとく》天皇となり、良房の女明子《あきらけいこ》を女御とし、清和《せいわ》天皇を誕生させているなど、道康親王の立太子は藤原氏が天皇の外戚《がいせき》としての道を開く大きなきっかけとなっている。

次にこの変のとき、大納言藤原愛発と中納言藤原吉野が連座して解任されている。彼らが具体的にどのような形で、この事件に関与していたか明らかでないが、恒貞親王が皇太子の時、愛発の女と藤原是公の女を娶っていたことから、愛発らは恒貞親王の縁戚関係から追放されたのであろう。そして愛発に替わって大納言になったのは良房である。

さらに事件の翌年、台閣首座にいた左大臣藤原緒嗣《おつぐ》が薨去すると、良房は源朝臣常《ときわ》と橘氏公《うじきみ》に次ぐ第三番目の公卿となり、承和十四年に氏公が薨去すると、良房が台閣の首座となって、右大臣藤原良房となり、仁寿《にんじゅ》四年（八五四）に源常が薨去すると、左大臣源常・右大臣藤原良房となり、その地位は盤石なものになっている。これらのことから承和の変は良房の陰謀といわれるのである。

しかしこれらは結果であって、藤原良房が政権を掌握するために、なんらかの陰謀を企てて他氏族を排斥したと考える必要はない。ただ良房は橘嘉智子から知らされた情報を利用し、自身の官位昇進と一族の繁栄を企てたと考えることはできるのではあるまいか。

応天門の変

伴善男の逮捕

『日本三代実録』貞観八年（八六六）閏三月十日乙卯《きのとう》条に、「夜、応天門に火あり、棲鳳・翔鸞の両楼延焼す」と見える。当時、この火災が放火か、失火か明らかでなかったが、まず大納言伴宿禰善男《とものすくねよしお》はこれを放火事件とし、犯人は時の最高権力者の地位に就いていた左大臣源信《みなもとのまこと》であるとし、信の失脚を謀ろうとした。しかし確かな証拠はなく、また後述のように、藤原良房《よしふさ》の活躍もあって、源信と事件とは無関係であることになったが、それから五ヵ月が過ぎた八月三日に、急転直下、大納言伴宿禰善男とその子右衛門佐中庸《なかつね》が放火犯人として訴えられた。まさに大逆転劇が行われたことになる。

逆転劇のきっかけとなったのは、左京人備中権史生大宅首鷹取《おおやのおびとたかとり》が善男らの犯行と密告したのによる。彼は善男の従者生江恒山《いくえのつねやま》と隣りあって住んでいたが、子供同士がけんかをし、そこに恒山が大納言の威を背景に鷹取の子を蹴ったことから、立腹した鷹取が応天門《おうてんもん》の放火を目撃していたとして密告したのである。驚いた政府は、まず鷹取を拘禁して取調を進めたところ、善男が犯行にかかわっているらしいことが明らかになってきたことから、七日に善男を尋問し、二十九日には共犯として善男の男中庸を逮捕している。この間に、善男の従者恒山は鷹取の女を殺害したとして捕らえられ、二十九日から三十日にかけて善男の従者でこの件に関係ある者の尋問が行われている。

事件の意味　善男は訴えられてから二ヵ月近く経ったが、一度も犯行を認めていない。しかし九月二十二日、善男とその子中庸、そのほか同謀者紀豊城《きのとよき》、伴秋実《あきざね》、伴清縄《きよただ》の五人は首謀者として、死一等を減ぜられて遠流《おんる》に処され、連座する人も処刑されている。ここにいちおう事件は落着するが、この事件のもたらす意味は重要である。いま三点に整理しておくと次のとおりである。

①善男が源信の失脚をはかろうとしたこと。

②この事件によって伴氏（大化前代以来の名族大伴氏）が失脚したこと。

③この事件の処置のなかで、藤原良房が摂政となったこと。

まず第一点であるが、実は第二点とは裏腹の関係でもあるから、併せて検討していこう。

善男が源信の失脚を図ろうとしたのは、すでに貞観年間の初めに両者の間に隙があって、善男が源信に代わって大臣の位に就くことを目論んでいたというものである。『三代実録』貞観八年九月二十二日条によると、善男は「貞観の初め、左大臣源朝臣信と隙あり」と見える。しかしなかなか互いに失脚させるだけの決め手を欠いていたが、応天門の炎上は善男には絶好の機会であった。源信が薨去したときの伝によると、善男は右大臣藤原朝臣良相《よしみ》とともに左大臣家を取り囲み、放火犯として逮捕しようとした。しかし藤原良房が信は放火犯ではないと奏聞して信は事なきを得たと記されている。

関係史料の分析

ところで応天門の変についての具体的な史料とは、いうまでもなく『日本三代実録』であるが、他に『伴大納言絵詞《ばんだいなごんえことば》』(『日本絵巻物全集』)や『宇治拾遺物語《うじしゆうい》』、あるいは『大鏡《おおかがみ》裏書』(『群書類従』、『日本古典文学大系　大鏡』)などがある。

最初の史料は、事件の全貌を絵画と詞書《ことばがき》で表わしたものであるが、絵画史料は同時代のものではないから、一等史料とはいえないかもしれない。しかし絵画によって具体的な姿を想像することができるから、補助史料として利用することができる。第二の『宇治拾遺物語』も同時代のものではなく、かつ説話であるから、それ自体を信ずるわけにはいかないが、『伴大納言絵詞』に欠如している箇所を補うことができる。『伴大納言絵詞』とあわせて読むと具体的な状景が見える。もっとも見えすぎる状景はかえって危険であるが、利用者がそれなりに節度を持って利用すれば、具体的な文献となる。

最後の『大鏡裏書』も応天門の変からかなり後に編纂されたものであるが、確かな記録にもとづいたもので、応天門の変について、きわめて貴重な史料となる。一般に、『大鏡裏書』に収められている個々の記事が何に由来しているか明確でないものが多いが、応天門の変に関する史料は『吏部王記《りほうおうき》』の逸文である。もっとも『大鏡裏書』に引用する当該史料を見ているだけでは何を典拠としているかわからないが、『古事談』（『新訂増補国史大系』）にも一部分であるが『大鏡裏書』の文章と完全に一致するものがあり、『古事談』によると『吏部王記』の逸文としているので、『大鏡裏書』の文章も『吏部王記』の逸文であると確認できる。

『吏部王記』は十世紀初頭の醍醐《だいご》天皇の皇子重明《しげあきら》親王の日記である。その親王の日記が『大鏡裏書』に引用されているのは、承平元年（九三一）九月四日の夕刻、親王の許に藤原実頼《さねより》が訪ねて父忠平《ただひら》から聞いた話を語ったものを親王が書き留めたものである。

かつて文徳《もんとく》天皇は後に清和《せいわ》天皇となった惟仁《これひと》親王よりも惟喬《これたか》親王を皇位に即《つ》けたいと考えていたが、惟仁親王の外祖父太政大臣藤原良房を憚《はばか》って打ち明けられなかったこと、また応天門の事件のとき、良房の活躍があって、放火犯人にされかけた源信が罪を免れたことなどが語られているのである。

そこでもう少し、応天門の変について『大鏡裏書』の記事を検討しておこう。応天門の炎上から間もなく、伴善男は右大臣藤原良相《よしみ》と謀って、応天門に放火した犯人は時の左大臣源信であったとし、善男らは近衛中将兼参議藤原基経《もとつね》をして源信の邸宅を取り囲み、信を召すことにした。このとき基経は、良房が承知のうえでのことかと良相に訊ねたところ、良房は仏法三昧で、このことは承知していないとの返答であったという。そこで基経は良房に事のあらましを伝え、驚いた良房は急遽、参内して信のために弁護し、信は事なきを得たというものである。

この話は『三代実録』に記す源信の薨伝《こうでん》（貞観十年閏十二月二十八日条）の話ととくに矛盾するものではない。したがって事実と考えられるし、実際、良房は貞観六年の暮れころから病に罹り、回復後も出仕することなく仏教三昧の生活を送っていたことはほぼ伝えられるとおりであろう。したがって伴善男が左大臣源信の失脚を謀ろうとしていたのも事実であろうが、良房の活躍によって信は事なきを得、逆に善男は失脚してしまったのである。

このような経緯からも明らかなように、応天門の変の背後に良房がいて、事件は彼によって仕組まれたものという考えは賛成できない。

第三の良房が摂政になろうとした点について検討してみよう。

図4　「応天門の変」天皇と藤原氏関係系図

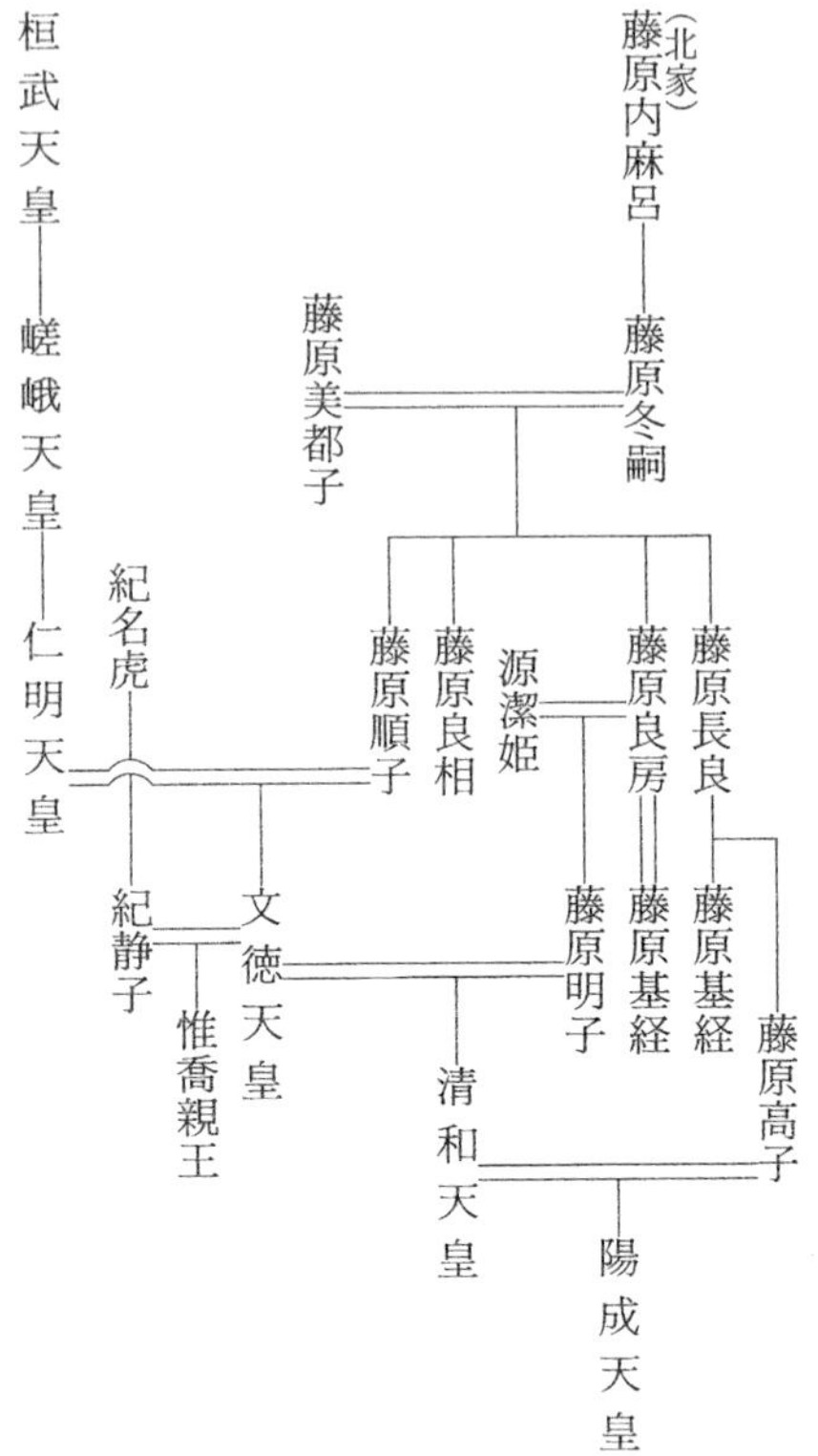

変後の政局

善男が捕らえられてからまだ一ヵ月も経たない八月十九日に、良房に摂《せっ》政《しょう》の事が命ぜられている。このことから、良房は応天門の変を利用して権力を集中し政権を独占的に掌握しようとしたといわれている。たしかに良房の摂政任命は善男が逮捕されて、まだ処刑が行われていない間のことであるから、良房に権力が集中しているようにみえ、後の摂政のように、かなりの強権を発揮することができるようにみえ

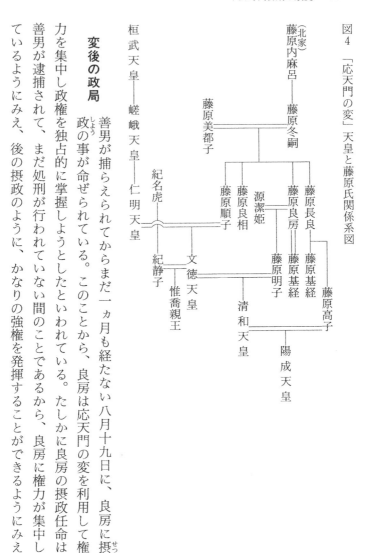

る。しかし私は一見そのようにみえるが、この摂政就任は必ずしも良房が当初から目論んではいなかったと考えている。

応天門の変を利用して良房が摂政となり権力を集中しようとしたとする説は古くからあり、なかには応天門の放火自体も良房の差し金であったとする説もある。

くり返し言えば、私は良房が応天門の変を通じて権力を確立しようとしたとは考えていない。

応天門の放火犯に源信が擬せられ、藤原良相や伴善男らによって邸宅を囲まれ、今にも逮捕されそうになったとき、急遽参内して信の無実を主張したのは良房であったが、『大鏡裏書』に見えたように、良房は当時、仏道三昧であって権力とは遠いところにいた。健康を損ねていたこともあったかもしれない。それどころか良房は政治から退くつもりだったのではないかとも考えられる。彼は太政大臣として清和天皇の政務を補佐してきたが、貞観六年に天皇が元服した後、輔弼《ほひつ》の任務は終了したと考えていたようである。詳しくは次章で述べるので参照されたい。良房が政務から遠ざかっているとすると、応天門の変後の政界は誰が主導したのであろうか。

『公卿補任《くぎょうぶにん》』の貞観八年条を見ると、太政大臣に良房、左大臣に源信、右大臣に藤原良相、大納言の筆頭が伴善男であった。ところで応天門の変に関係した人のうち、源信は良房の弁護以降、朝廷に出仕しなくなった。また善男は失脚、善男に同調していた良相は右大臣の地位にいるものの政治的には失脚していた。したがって当時、廟堂《びょうどう》の上位四人中、三人は政治にかかわらなくなった。当時、清和天皇は元服していたから、いちおうは親政を可能としているが、実際には事件の処理をどうするか、元服したばかりの天皇にはあまりにも大きな問題であった。そこで天皇の政治を輔弼する人物が必要になる。ところで良房が太政大臣に任命されたのは先帝の晩年である。先帝は自分に万一の時は、皇太子を補佐するために良房に太政大臣の地位を与えたのである。間もなく、先帝の予感は的中し、幼少にして皇位に即いた清和天皇の政治は良房の輔弼のもとに進められた。しかし貞観六年正月一日に天皇は元服したから、先帝がとくに良房を太政大臣に任じて新帝の政務を輔弼することを期待した任務は自ずから解消することになった。とすると、清和天皇としては、良房に対しとくになんらかの処置を講じない限り、従来どおりの輔弼の任を行わせることはできない。しかし応天門の変後の難局に対処するのは良房以外にはいない。そこで改めて良房が政務を輔弼できるように、新しい任務として良房に摂政の任を命じたのである。なお良房の摂政については、次章で改めて取り上げるので参照されたい。

菅原道真の左遷

道真の経歴

『日本紀略』昌泰二年（八九九）二月十四日戊寅《つちのえとら》条に、「詔すらく、大納言正三位藤原朝臣時平《ときひら》を以《も》って左大臣と為し、権大納言正三位菅原朝臣《すがわらのあそん》道真《みちざね》を以て右大臣と為す」とあるように、藤原時平と菅原道真が左右大臣に任命されている。ところが、二年後の『日本紀略』延喜元年（九〇一）正月二十五日戊申《つちのえさる》条によると、諸陣をして警固せしむ、帝、南殿に御し、右大臣従二位菅原朝臣を以て大宰権帥《だざいのごんのそち》に任じ、大納言源朝臣光《ひかる》を以て右大臣に任ず、また権帥の子息等を各々以て左降す、とあり、菅原道真が左遷されている。

菅原道真は、古くは土師《はじ》氏に由来する家で、平安時代初期の碩学《せきがく》菅原古人《ふるひと》を曾祖父に、清公《きよとも》を祖父、是善《これよし》を父とする代々の学者の家柄である。彼は幼くして学才を現し、十歳過ぎに父の門人島田忠臣の指導を受け、また父是善の指導も受けたのであろう。十八歳で文《もん》章生《じょうしょう》となり、ついで二〇人の文章生からわずかに二人の文章得業生のうちの一人に選ばれて、秀才の名を轟かせるが、さらに方略試を受けたときは、そこそこの成績で合格している。いずれにしろ道真の文才、学問に対する造詣《ぞうけい》の深さは若くして人々の間に知られており、渤海《ぼっかい》からの使者が来たときなどは渉外関係の職務を与えられており、また民部省の官人に登用されると、実務官僚として着実に職務をこなしていく。さらに文章博士となり、式部少輔に任じられるなど、中央政府の中で少しずつ地位を得ていくが、一方で、道真の要職への登用に批判的な勢力も存在したらしく、道真自身、世間の批判に気を滅入らせることもあったようである。その後、道真は仁和二年（八八六）讃岐守に任じられ、いやいやながら任地に赴くが、ここでの国司生活がやがて道真の視野を広げさせることになる。

阿衡の紛議

讃岐守在任中に例の阿衡《あこう》の紛議が起こる。この事件については、「成立期の摂関制（二）」の章の「阿衡の紛議と『政事要略』」の節において取り上げるつもりである。したがって詳細はそこにゆだねるが、この紛議の時、地方官に赴任していたことが幸いしたのか、阿衡の紛議に巻き込まれることなく、客観的に事変の経緯を眺めることができたようである。仁和四年（八八八）、阿衡の紛議の当事者の一人である太政大臣藤原基経に書を呈してこの紛議の無意味であることを訴えているのは、紛議の外に身を置いていたからであろう。その書が決め手になったかどうか即断できないが、基経が道真の真意を汲み、阿衡の紛議を終結させるきっかけをつくったものと思われる。

つまり実務官僚としての実績と阿衡の紛議のさいの判断力、学者としての見識などが評価されたのであろう。寛平三年（八九一）正月十三日に関白藤原基経が薨去すると、後継者としてその子時平が三月十九日、二十一歳の若さで参議に列せられている。前年、讃岐国から帰任していた道真も寛平三年三月に、再び式部少輔に任じられて中央官僚に返り咲くが、同月さらに彼は宇多《うだ》天皇の蔵人頭《くろうどのとう》に抜擢され、四月には左中弁《さちゅうべん》を兼務する。爾来《じらい》、道真の出身はめざましく、五年二月には参議、七年十月従三位に叙され、中納言に任じられ、九年六月に権大納言に任ぜられ右近衛大将を兼ねる。藤原氏の御曹司時平と並ぶ大納言となり、七月三日に宇多天皇はその子醍醐天皇への譲位の詔書のなかで、時平と道真の両名に、「幼主の未だ長ぜざるの間、一日万機の政、奏すべく請うべきの事、宣すべくし行うべき事」と下命されている（『日本紀略』）。世にいう内覧宣旨であるが、このののち、冒頭の史料に記したように時平が左大臣に、道真は右大臣となり、両者がそれぞれ左右近衛大将に任じられている。ところがその二年後に道真は大宰権帥に左遷され、延喜三年二月二十五日、大宰府の配所において薨じている。

道真の昇進

よく知られている道真の生涯であるが、かいつまんで紹介してきた。道真がいかに異常な昇進を遂げているかが理解できたと思うが、とりわけ宇多天皇の即位以後の昇進は目を見張るものがあった。おそらくそれは基経が道真の真意を汲み、阿衡の紛議を終結させるきっかけをつくったものに由来するものと思われる。

道真が宇多天皇に登用されたのは、学者として勝れた見識にもとづくものであろう。しかもそれは単に机上の空論ではなく、官吏としての、あるいは政治家としての実務経験に裏打ちされたものであった。とくに讃岐守時代の地方官としての経験は彼の学問を政治の場で磨くのに役立ったのではあるまいか。

宇多天皇の側近に仕えることになった道真は、天皇の信任を得て、何かと相談に与ったようである。とりわけ天皇が二度にわたって譲位を考えられたとき、道真はひとり天皇の御前で相談を受けている。それに対し、一度は譲位するべきではないと進言して受け入れられ、もう一度は同じことで相談を受けたとき、直ちに譲位するようにと進言している。譲位の相談に対し、一度は譲位を翻意させ、もう一度は譲位を勧めるのは一見矛盾するようであるが、最初の相談と二度目の相談の時の間に、天皇を取り巻く環境、たとえば皇位継承者の年齢や輔弼の体制づくりなどが整備されているかどうかが考慮され、異なった勧告になったのであろう。とくに道真としては、宇多天皇が最初に譲位の意向を示されたとき、道真自身の政治的な安定が図られるかどうかも重要な要素であったと思われる。ところが宇多天皇が二度目に譲位の意向を示されたのち、道真の進言によって譲位されたが、その時、藤原時平と道真に対し、内覧の宣旨が下されている。道真は内覧の宣旨を蒙ることで、時平とともに新天皇を輔弼することが可能になったと判断したのであろう。

しかし内覧の宣旨に対し、貴族・官人たちのなかには承伏できない者も少なくなかったとみえ、両名が内覧の宣旨を蒙ったあと、納言たちは外記庁《げきのちょう》に出仕せず、審議拒否という具体的な反対行動に出たほどである。とくにターゲットになったのは道真であろう。しかし道真としては独力で対処できず、外記庁に出仕しない納言たちに対し、昌泰元年（八九八）九月四日、道真は宇多上皇から、納言らは怠慢であると叱責して欲しいとの申文《もうしぶみ》を提出している（『菅家文草』六〇六）。

宇多上皇への申文のあと、新天皇は時平と道真をさらに上位の左大臣と右大臣へと昇進させている。これに対し道真は、内覧のときの経験から、昌泰二年二月二十七日に右大臣職を辞す第一表を上《たてまつ》り、「人心すでに縦容《しようよう》せず、鬼瞰《きかん》必ず睚眦《がいさい》を加えむ」（同、六二九）と述べているが、さらに翌月四日に上表の第二表のなかで、道真は「臣もし止むを得ずして朝列に就くべくは、なお炉炭に踞して以て焼亡を待ち、冶氷を履みて陥没を期するがごとし」（同、六三〇）と述べている。さすがの道真も自身の栄達に対する人々のねたみに辟易《へきえき》としていたようである。

辞職勧告を受ける道真

おそらく高位高官に上っている道真に対し、陰に陽に批判があったことであろう。なかでも昌泰三年十月に三善清行《みよしきよゆき》は直接、道真に対し辞職勧告を行っている。学者の出で吉備真備《きびのまきび》以外に高位高官に登ったものはいない。それだけでも人々のねたみを買うであろうが、明年はいわゆる辛酉《しんゆう》の年で、暦の研究によると、大変革が起こる年であるから、辞職して静かに過ごすようにという趣旨のことを書にして送っている。これが道真に対する親切から出たものか、ねたみの一変形とみるか、見方はあろうが、三善清行の辞職勧告は道真に対する当時の廟堂内の空気を感じることができるであろう。

このような勧告にもかかわらず、道真は昌泰四年正月七日に時平とともに従二位を授けられている。その二〇日ばかりのちの正月二十五日に大宰権帥に補された。左遷である。すでに予想されたことではあれ、道真に対する非難は、止足の分を越えていること、宇多上皇に諂《へつら》って権勢を恣としていること、ひいては天皇と上皇の離反を図っていること、さらに道真は斉世《ときよ》親王の擁立を画策しているなどのことが、追放の理由である。最後の斉世親王は天皇の弟に当たるが、道真の女《むすめ》が入室しており、道真の女婿に当たる。事実はともかく、皇位継承にかかわることが取り沙汰されたとき、真相はほとんど解明されることなく、まず謀反ありとして対処される。仮に謀反の計画が事実であったとしても、証拠不十分で放置されていたとすれば、その間に計画は膨らみ実行に移されることがないとはいえない。したがって今回も早々に謀反の芽はつみ取られた。たとえそれが冤罪であっても、禍根を断つために処置されたのである。

宇多上皇はこの少し前の昌泰二年十月に仁和寺において落飾されていたが、道真の左遷、斉世親王の謀反の嫌疑に驚き、急遽参内して醍醐天皇に会い、天皇の判断の誤りを正そうとするが、左右の陣を固める兵士たちによって阻まれ、天皇に会うことが叶《かな》わなかったという。当時、天皇は十七歳、元服を済ましたとはいえ、まだ分別も十分ではなかった。とすると、宇多上皇の参内を阻止するように指示したのは天皇ではなく、上皇と天皇を会わせたくない藤原時平たちの策謀であったのだろう。時平らは、もし天皇と上皇が話し合えば、道真の復権もあり得たかも知れないと考えたからである。

図5　「菅原道真の左遷」天皇と藤原氏関係系図

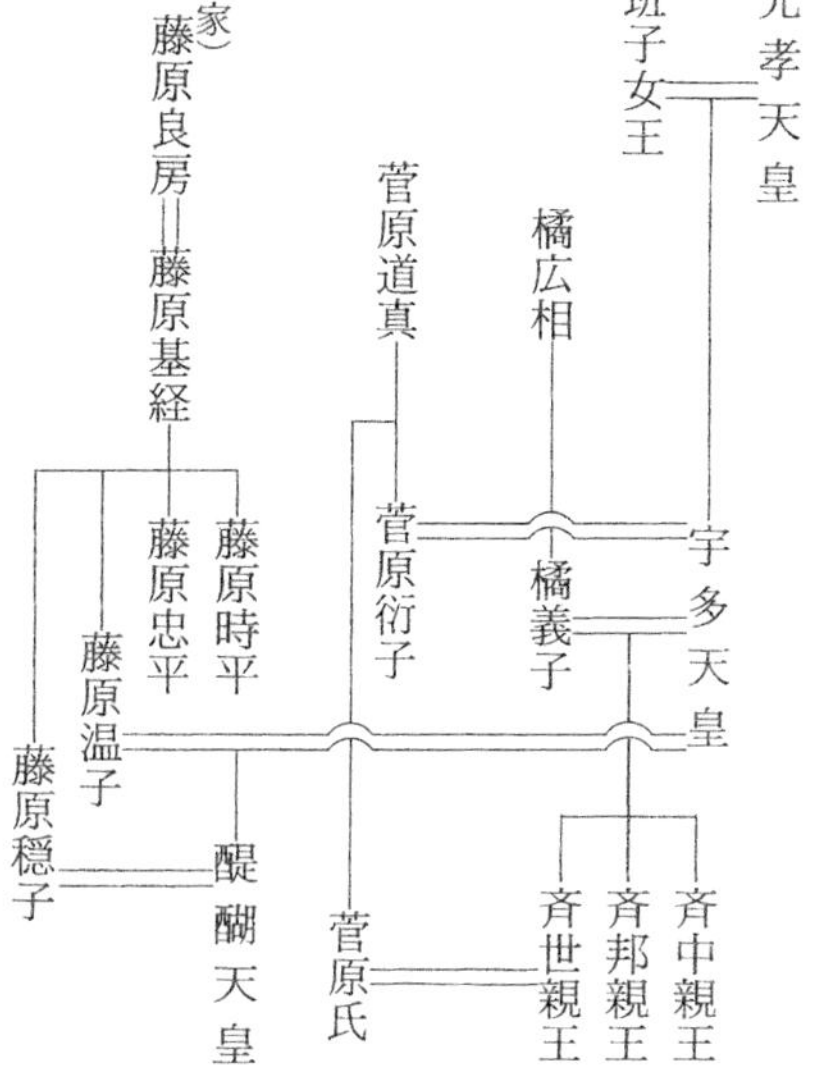

道真を援護する人はなく、ついに大宰府に配流《はいる》されてしまう。道真を弁護する人が上皇一人であったのは、藤原氏の権勢が強固になっていたというべきであろうか。異例とも思える道真の昇進に藤原氏も含め、多くの貴族たちが貴族社会のなかで道真の昇進に違和感を持ち、さらには羨望から反発へと発展する気持ちを持っていたのであろう。そのことが宮中において上皇の進路を阻むという異常事態を可能にしたのであろう。これらのことからみると、藤原氏による他氏族の排斥ということではなく、藤原氏も含め、あらゆる貴族官人たちが一致して菅原道真の異例の昇進に不満を抱き、そのことが今回の追放劇であり、上皇の参内を阻止するという、あってはならないような事件に繫がっていると思う。仮に上皇との面会を天皇が拒んだとしても、それを取りなすのが時平たちの取るべき態度ではあるまいか。しかしそのような行動に彼らが出ていないのは、やはり道真に対する反発の根深さを窺わせる。

大宰府に配流される道真

これまで平安時代初期に起こったいくつかの政治事件について、かつて言われていたような、かなり前から誰かが仕組んで実行に移したという陰謀事件ではなく、なんらかの事件・事故が起こったとき、その処置のなかでの対処の仕方にもとづくのではないか、あるいは何か疑惑を抱かせるような行動が生じたとき、早々にその禍根を断ちきることによって、ときにはそれが、いわゆる政変になったのであろう。

成立期の摂関制（一）

『公卿補任』と『三代実録』に見える摂関

摂関政治の出発点

平安時代初期に、宮廷において繰り広げられた政変劇の主なものについては前章で明らかにしてきたが、そのさい若干触れるところがあり、また本書の主題となる摂関制《せっかんせい》について、考えてみることにする。

摂関制といえば、われわれは望月の欠けたのも知らないような藤原道長《みちなが》の時代を連想するが、もとより道長の時代以前から藤原氏による摂関政治が成立していた。周知のように、わが国における摂政の初例は藤原良房《よしふさ》である。もっともこれは人臣摂政《せっしょう》といわれるもので、『日本書紀』等によるとすでに神功《じんぐう》皇后の摂政や聖徳太子《しょうとくたいし》・中大兄皇子《なかのおおえのおおじ》・草壁皇子《くさかべのおうじ》の摂政が知られている。これらを人臣摂政に対して皇族摂政というが、神功皇后の摂政には新井白石《あらいはくせき》や本居宣長《もとおりのりなが》らの江戸時代の学者が批判しているごとく摂政の例に加えるのは妥当ではない。詳細は別に論じたので省略するが、称制というべきものである。また聖徳太子らの摂政は、皇太子に冊立《さくりつ》されて万機を委ねられたもので、皇太子の地位に付随した職掌とみられるから、もともと摂政という地位があったわけではない。したがってこれらを皇太子摂政ともいうが、良房に始まる人臣摂政とは区別される。

摂政に類したものに関白がある。関白は良房の猶子《ゆうし》基経《もとつね》がはじめて補任《ぶにん》されたが、摂政とともに摂関と略称されている。ここでは成立期の摂政と関白を取り上げて、いわゆる摂関政治の出発点を考えることにする。

藤原良房の摂政補任時期に関する諸説

藤原良房が摂政になった時期については、前章の「応天門の変」の節で述べたように貞観《じょうがん》八年（八六六）のことであるが、従来、良房の摂政補任の時期については二説ある。一つは天安二年（八五八）説（A）で、もう一つは貞観八年説（B）である。Aの天安二年説をとる史料は『公《く》卿《ぎょう》補任《ぶにん》』や『大鏡《おおかがみ》裏書』などで、Bの貞観八年説は『日本三代実録』である。次にA・B両説の根拠となる史料を原文どおりに掲げておこう。

A〔公卿補任〕　文徳天皇　天安二年

　天安二年戊寅　二月七日壬申右大臣良相、左中弁良縄奉行春日祭、八月廿七日天皇崩（文徳天皇、三十三才）、皇太子（清和、年九）受禅（中略）、十一月七日甲子即位、

　摂政　従一位　藤良房　五十五　十一月七日宣旨、為摂政、

〔公卿補任〕　清和天皇　貞観八年
　太政大臣従一位　藤良房　六十三　八月十九日重勅摂行天下之政者、
　贈太政大臣冬嗣公二男、（中略）同《（天安）》二年十一月七日為摂政、准三宮年五十五、全食封、
　賜内舎人・左右近衛等為随身、帯杖資人卅人、貞観六年正月一日辞摂政依帝御元服也、同八
　年八月十九日重勅摂行天下之政、
〔大鏡裏書〕　忠仁公

B〔日本三代実録〕　十三　清和天皇　貞観八年八月十九日、辛卯、勅二太政大臣一、摂二行天
　下之政一

『公卿補任』は現在、『新訂増補国史大系』（吉川弘文館刊）に収められ、容易に見ることができる。『大鏡裏書』はもともと『大鏡』の裏に書かれていたもので、のち裏書のみを集めたものがつくられ、写本もつくられて流布しているが、活字本としては前述の『国史大系』の『大鏡』に収められている。ただ岩波書店刊の古典文学大系本『大鏡』に収める裏書（東松本）と比較すると、後者が量的に多くのものを収録している。また『群書類従』にも『大鏡裏書』の書名で、裏書のみを収めたものがある。利用のさいは古典文学大系本等とあわせると互いに補いあうところがある。

Aの天安二年説とは、清和《せいわ》天皇が文徳《もんとく》天皇の崩御の後を承けて践祚《せんそ》し（天安二年八月二

十七日)、ついで即位礼を行った日(同年十一月七日)に摂政の補任がなされたとする。しかし当代の正史で六国史《りっこくし》の最後の『日本三代実録』(以下『三代実録』と略称)によると、該当する日に、摂政補任に関する記事は見えない。一方、Bの貞観八年説とは、『三代実録』の、同年八月十九日に、勅によって、太政大臣《だいじょうだいじん》良房に天下の政を摂行させると命じたものである。

この八月十九日に摂政の命が下ったことは、『三代実録』によると、その三日後に良房が摂政を辞退する上表を行っていることからも明らかである。またさきにAの天安二年説を採っていた『公卿補任』や『大鏡裏書』なども、貞観八年に勅が下って良房が摂政になったと記しているから、『三代実録』の記載に問題はない。とすると、あらためて天安二年説をどのように考えるべきかが次の課題である。

Aの天安二年説によると、『公卿補任』などは二度にわたって摂政の補任があったように記している。『公卿補任』によると、天安二年に摂政になり、貞観五年まで良房は摂政太政大臣と記されているが、貞観六年には太政大臣とのみ記されている。『公卿補任』によると、いつ摂政を解任されたのか明確でないが、貞観六年中に摂政を解任されたと考えてよいのであろう。

ところで『大鏡裏書』によると、天皇の元服により、貞観六年正月一日に摂政を辞任したと記している。『公卿補任』もそのように理解しているとすれば、良房は貞観六年正月一日に、いったん摂政の任を解かれたことになる。しかし『公卿補任』や『大鏡裏書』によると、貞観八年に至って重ねて摂政の詔を蒙ったことになっているから、良房は摂政に補され、いったん摂政の任を解任され、改めて貞観八年に再度、摂政を命ぜられたことになる。いちおうの辻褄はあっているが、前述のように、『三代実録』には天安二年の摂政補任については記載がなく、また貞観六年の解任にも触れるところはないから、A説の信憑性に疑問がある。もとより『三代実録』の記載が全面的に正しいと言うつもりはないが、結論から言えば、天安二年に摂政補任があったとか、貞観六年に解任されたというのは誤りである。それを論ずる前に『三代実録』について説明しておこう。

『三代実録』は全五〇巻で、菅原《すがわらの》道真《みちざね》や藤原時平《ときひら》、大蔵善行《おおくらのよしゆき》らが撰者である。一説に菅原道真は撰者に名を列ねたが、実際にはほとんどこの編修に与らなかったとあるが、道真の編纂した『類聚国史』（『新訂増補国史大系』）を見ると、『三代実録』の記事が随所に引かれているから、道真が『三代実録』の編修に関与、『類聚国史』の編纂のさい、『三代実録』を利用していたのはまちがいない。ところで今日現存の『三代実録』を見ると、欠巻はなく記事も豊富であるが、それでも五〇巻中一五巻は完本であるが、残る三五巻は抄本である。その点は『類聚国史』や『日本紀略』（ともに『新訂増補国史大系』所収）に引く『三代実録』の記事と現行本を対比すると、現行本が抄略文であったり、脱漏といえるものもあることから明らかである。また現行本には明らかに錯簡《さっかん》・重出といえる記事もある。

それに『三代実録』は原本はもとより、平安・鎌倉時代の古写本もなく、室町時代に卜部《うらべ》家所蔵本を三条西実隆《さんじょうにしさねたか》が書写した本を祖本とし、その写本が各地で伝えられているのみで、したがって十二分の検討を要するようである。ただ天安二年や貞観六年の記事を収める巻については完本（省略・脱漏はない）と考えてよい。とすると『公卿補任』等に見える記事で『三代実録』にないもののすべてに当てはまらないにしても、当面の摂政補任について『公卿補任』等に記載があっても『三代実録』に見えないことは、補任という行為が事実として存在していなかったといって差支えない。

それでは事実として行われていなかったことを何故に『公卿補任』はあたかも事実であるかのように書いているのであろうか。『公卿補任』は現在、『新訂増補国史大系』に全五冊・索引一冊として収録されている。内容は現在の職員録のようなものであるが、記載されるのは参議以上である。しかし参議にならなくとも位階が三位《さんみ》に至ったならば非参議として登録される。体裁は年ごとに公卿を官位の順に並べ、氏名の下に年齢を書き、兼官、任叙の月日、薨去や出家の月日を記しており、その一年間の主たる官歴が一覧できる。またはじめて公卿となって『公卿補任』に登載されたときは、父母やそれまでの官歴が記される。なお所収年次は、いちおう神武《じんむ》天皇から明治元年におよぶが、巻首より持統《じとう》天皇までは天皇一代ごとに一括しており、文武《もんむ》天皇以降は年ごとに記されている。『日本書紀』に対応する時代の分については問題が多く、利用に堪えられない箇所が多いが、年ごとに記載されるようになるといちおうは信用がおける。『公卿補任』の成立時期はまだ十分に明らかにされていないが、平安中期には現存の形のものの原型が生まれていると考えられる。しかしその後、幾度となく書継ぎが行われ、今日のような形のものに整備されることになった。

現行の『公卿補任』については、なおいくつか検討しなければならない問題がある。くわしくは『国史大系書目解題』（吉川弘文館）に委ねることにして、当面の摂政の補任年次にかぎって検討することにしよう。『公卿補任』が藤原良房の摂政補任を天安二年としていたのは、摂政の補任が天皇の践祚とともに行われるという後世の観念を溯らせたためであろう。なお後代の史料によると、天皇の践祚の日に摂政を補任しているが、良房は清和天皇の践祚と同日ではなく即位の日に摂政になったと見えるから、若干相違はある。しかし践祚から即位までの間はわずか二ヵ月ばかりで、清和天皇はいわゆる諒闇登極《りょうあんとうきょく》（先帝崩御による皇位継承）であるから、践祚の日を避けて即位の日に摂政補任が行われたとしたのであろう。

ついで『公卿補任』などは、貞観六年に良房が摂政を解任されたと解釈している。『三代実録』の貞観六年条のどこにも摂政解任のことは見えない。それ以前の摂政就任を認めない立場からすれば当然のことであるが、天安二年に摂政に就任したとする『公卿補任』は貞観六年にこれまでのように摂政太政大臣ではなく、太政大臣とのみ記し、『大鏡裏書』が貞観六年に摂政解任としているのは、『公卿補任』や『大鏡裏書』なりの合理性によったと考えられる。ではそれなりの合理性とは何か。また何故、貞観六年なのか。

第一に、貞観六年といえば、九歳で践祚した天皇が元服をした年であるが、天皇の元服という事実に引かれて摂政解任としたものと考えられる。なぜなら後代の例であるが、天皇が幼少のときは摂政をおき、元服されると摂政を停めて関白にすることになっている。つまり建前からいえば、幼主に代わって政務をみるのが摂政の役割で、天皇が成人のときは天皇を補佐するのが関白の任務である。したがって清和天皇が元服されると、摂政はその任を解かれるという後代の観念によって、摂政の解任があったと記しているが、しかし清和天皇の元服当時、まだ関白の制はないので、摂政解任とのみ記したのであろう。なお後代の観念と述べたが、天皇元服後、数ヵ月から一年ぐらいをへて摂政を辞任の表を上《たてまつ》り、受理されると、つまり解任されると、関白に補任されるのが例である。

第二に、貞観八年に摂政補任のあった事実は曲げられないから、Ａの天安二年摂政補任説を採ると、一度どこかで解任されていないと平仄《ひょうそく》があわなくなるから、天皇元服にからめて摂政解任と記したのであろう。したがって良房の摂政補任はＢの貞観八年説によるべきことが明らかになったと思う。

なお貞観八年といえば天皇は元服後二年をへており、すでに十七歳になっている。後代の観念からいえば、摂政でなく関白とあるところであるが、摂政制の初例である良房の場合、後代のような関白の語を溯らせるわけにはゆかない。それでは摂政とは何かであるが、その意味については前章の「応天門の変」で述べたように、「累代相い承けて、摂政絶えず」とのことで政を摂るとのことである。

このように良房の摂政補任については、『公卿補任』や『大鏡裏書』の記載に問題のあることが理解できたが、実はほかにもまだ問題がある。

藤原基経の摂政補任時期に関する諸説

良房の猶子基経《もとつね》が摂政に補任された時期についても両説ある（Ｃ、Ｄ）。

Ｃ〔公卿補任〕　清和天皇　貞観十四年

太政大臣従一位　藤良房　六十九　九月四薨、

右大臣　正三位　同基経　三十七　九月二日叔父忠仁公薨、有猶子之儀、居喪之礼如父子之、（中略）、十一月廿九日為摂

政、（良房替）、但無兵仗、兼大将之故也、

D（日本三代実録）　十三　清和天皇　貞観十八年十一月廿九日、壬寅、皇太子出レ自二東宮一、駕二牛車一詣二染殿院一、是日天皇譲二位於皇太子一、勅二右大臣従二位兼行左近衛大将藤原朝臣基経一、保二輔幼主一摂二行天子之政一、（中略）詔曰、（中略）右大臣藤原朝臣波、内外乃政乎取持天勤仕奉己止夙夜不レ懈、又皇太子乃舅氏奈利、見其情操爾、幼主乎寄託倍之、然則少主乃未レ親二万機一之間波、摂レ政行レ事牟許止、近久忠仁公乃如レ保二佐朕身一久相扶仕奉倍之、

C説とは、良房が貞観十四年（八七二）九月二日、摂政在任のまま薨去（一説に四日薨去）し、『公卿補任』が述べるように、同年十一月二十九日に藤原基経が良房の替わりとして摂政に補任されたというものである。

しかしこの補任についても『三代実録』には何も見えない。後代になって摂政・関白が常置されるようになるが、摂政・関白の常置の観念を遡らせているらしい。

D説とは、清和天皇の譲りをうけて陽成《ようぜい》天皇が践祚された日に、基経がはじめて摂政に補任されたとするものである。『三代実録』によると、清和天皇の譲位された貞観十八年十一月二十九日に、基経を摂政に補任している。この日の補任については『公卿補任』にも見えるが、『公卿補任』には貞観十四年と同十八年の二度補任されたとある。しかし貞

観十四年説、つまりC説が成立しないことは、さきに述べたが、C説とD説を並べてみると、ともに十一月二十九日であることが注目をひく。CD両説のうち、D説は『三代実録』に依拠したもので、貞観十八年に基経が摂政に補任されたことについてとくに問題はないから、この点からも、C説の貞観十四年十一月二十九日は誤りで、D説の貞観十八年十一月二十九日に基経が摂政に補任されたと考えてよいことが理解できたと思う。

さらに『公卿補任』に問題があることを、藤原基経が関白に補任されたとする記事について検討してみよう。

藤原基経の関白補任時期に関する諸説

基経が関白に補任されたとする説に四説ある（E、F、G、H）。

E〔公卿補任〕　陽成天皇　元慶四年

摂政右大臣　正二位　藤基経　十一月八日改摂政為関白。

F〔公卿補任〕　陽成天皇　元慶八年

関白太政大臣従一位　藤基経　四十九　二月廿三日重受関白詔、今日光孝天皇即位、

G〔日本三代実録〕　四十五　陽成天皇　元慶八年二月廿三日、甲寅、天皇即㆓位於大極殿㆒、

〔日本三代実録〕　四十六　陽成天皇　元慶八年六月五日、甲午、勅曰、天皇詔旨良万止宣御命乎衆聞食宣布、太政大臣藤原朝臣〔基経〕、先《サキノ》御世御世利与天下乎済助《スクヒタス》介、朝政《ミカドノマツリゴト》乎総摂《フサネヲサメ》奉仕礼利、為㆓国家㆒建㆓大義㆒、為㆓社稷㆒立㆓忠謀㆒天、不意外《オモヒノホカ》爾《ニ》万機之政《ヨロヅノマツリコト》乎《ヲ》朕身《ワガミ》爾《ニ》

授《サズケヨサシテ》任天、存二閑退之心一、執二高譲之節一、朕聞、定レ策之勲《ハ》、自レ古先録、又賞不《ハスト》レ踰レ月、
是《コレ》政之先止毛聞食須、大臣功績既高《ニタカクシテ》天、古之伊霍与利毛、乃祖淡海公、叔父美濃公与り毛益《マサリ》左利、
朕将レ議《ムト》二其賞《ヲ》一爾、大臣素懐二謙挹心《ノヲ》一、必固辞退天、政事若壅世无加止、也也《ヤヽ》美《ミ》思保之天、本
官乃任爾《ママ》、其職行牟止思保之天、所司爾令レ勘《カムガヘシムルニ》迹、師範訓道乃美爾波非《アラズ》安利《アリケリ》介り、内外之政无レ不レ統久毛
有倍加利計利、仮使《カリ》爾無レ所レ職久可レ有《ニツカサドルトコロナクアルベクトモ》久止毛、朕耳目腹心爾所レ侍《ハベル》奈礼波、特分二朕憂一止毛思保須乎、
自二今日一官庁爾坐天、就天万政領行比、入輔二朕躬一、出総《スブ》二百官《モモノツカサヲ》一倍之、応レ奏《マサニソウスベキ》之事、
応レ下之事、必先諮稟与、朕将二垂拱而仰レ成止宣御命乎衆聞給止宣、

まずE説であるが、『公卿補任』によると、元慶《がんぎょう》四年（八八〇）十一月八日に「改摂政為関白」とあり、その後、『公卿補任』は元慶五年から七年まで基経は毎年関白と記されている。このとおりとすれば、元慶四年に基経は摂政を辞し、関白に補されたことになる。しかしこの説には従えない。

E説の元慶四年摂政より関白への転任説が誤りであるのは、『三代実録』によると、元慶四年に関白になったとする記事がないこと、元慶六年正月二日に天皇が元服されたあと、基経は同月二十五日に摂政の解任を請う上表文を捧呈し、以後も何度も摂政解任の上表文を提出、そのつど却下されているが、基経は関白を辞退する表を上《たてまつ》っているのではなく、

あくまでも摂政を辞退する表を上っている。したがって元慶四年に基経が関白になった事実はない。

それにまた、なぜ元慶四年十一月八日に関白になったとされたのであろうか。たとえば代替わりとか、天皇が元服されたとかを契機にすることは考えられるが、陽成天皇の元慶四年十一月八日に何か節目に当たるような日を設定することは困難である。だがそれとは別に注目したいのは、藤原忠平が摂政を辞し、関白に補されたのが天慶四年十一月八日であることである。つまり基経の関白補任年月日と忠平の補任年月日と対比すると、天と元の違いのみで、「慶四年十一月八日」はまったく同じである。とすると、『公卿補任』の編纂の時かに、なんらかの理由で、天慶四年が元慶四年となって、誤って基経の関白補任を「元慶四年十一月八日」としてしまったのではあるまいか。

次にＦ説であるが、やはり『公卿補任』によると、元慶八年二月二十三日に、基経は重ねて関白の詔を下されたとする。この年二月四日、陽成天皇は光孝《こうこう》天皇に譲位し、光孝天皇は同月二十三日に即位礼を行っているが、『公卿補任』によると、その日に関白の詔が下されたことになる。しかし元慶四年のＥ説が成り立たない以上、元慶八年に重ねて関白の詔を蒙ったということはあり得ない。

また重ねてではなく、光孝天皇の即位の日に、はじめて関白に補任されたと考えることも不可能ではない。後代の観念によると、践祚または即位の日に関白の補任が行われることから、光孝天皇の即位の日に基経が関白に補されたと考えることもできそうである。しかし『三代実録』によると、即位の日に、関白補任を示す記事がない。したがってF説は成立しないと考えてもよいのではあるまいか。

G説は『三代実録』元慶八年六月五日条に掲げる勅によるが、基経に対し、「今日より官庁に坐て、就て万の政を領り行い、入りては朕が身を輔《たす》け、出ては百官を総ぶべし、応《まさ》に奏べきの事、下すべきの事、必ず先ず諮り稟《うけ》よ」と述べており、この内容はのちの関白と実質を同じくするので、この時、関白の詔が下ったとする。たしかにこの勅は後の関白を補任するときの常套句であるが、しかしこの時の勅のなかには関白の語はなく、内容が同じであっても、言葉としてはまだ熟したものとして成立していない。したがってG説も成立しないと考えてよい。

最後にH説について検討してみよう。関白の語がはじめてわが国の文献に見えたのは、宇多天皇の即位された仁和三年（八八七）十一月十七日の四日後のことである。このときはじめて基経を関白に補任する詔が発せられている。この時、関白の語義をめぐっていわゆる阿衡《あこう》の紛議が生じたのは知られているとおりである。しかしこの紛議の過程で関白の語義がしだいに明らかになり、摂政・関白の制が成立することになる。阿衡の紛議については、次章「成立期の摂関制（二）」の「阿衡の紛議と『政事要略』」の節で取り上げる。なお基経が寛平三年（八九一）正月十三日に薨去した後、しばらく摂政・関白は置かれず、これらが常置されるようになるのは藤原実頼《さねより》が冷泉《れいぜい》天皇の関白に補任されてからである。

以上のように、藤原良房・基経の摂政・関白の補任について、『公卿補任』などの史料に問題のあることが理解できたと思うが、その問題点のなかに後の摂関制の本質を示唆するものがあることもわかったと思う。そこで次に良房・基経が摂政・関白となった背景を考えることにしよう。

良房の太政大臣および摂政の補任について

良房の太政大臣補任

藤原良房《よしふさ》が摂政《せっしょう》に補任《ぶにん》された貞観《じょうがん》八年に応天門が炎上した。閏《うるう》三月十日のことである。炎上当時これは右大臣源信《まこと》の仕業とする風説が流れたが、時が経つにつれてしだいに真相が明らかになり、大納言伴善男《とものよしお》らによる放火であることが判明した。この事件の経緯や問題点についてはすでに前章「平安時代初期の政変」の「応天門の変」で取り上げたとおりである。ただそこで述べたように、藤原氏が応天門の炎上、伴善男らの失脚を画策して藤原氏の独裁体制を樹立しようとしたりしたものではない。そのことを、この事件の後、良房が摂政になったのはなぜかを検討することで、藤原氏の陰謀説が虚構であることを明らかにしてみたいと思う。しかしその前に良房が太政大臣に補任されているので、そのことから考えてみよう。

良房は天安元年（八五七）二月丁亥《ひのとい》（十九日）、文徳《もんとく》天皇のときに太政大臣に補任された。『文徳天皇実録』の同日条によると、右大臣正二位藤原朝臣良房を太政大臣に任じているが、良房は次のような宣制を蒙っている。

宣制して曰く、天皇が詔旨らまと勅たまう御命を、親王諸王諸臣百官人等、天下公民、もろもろ聞《きこ》し食《めせ》と宣たまう、右大臣正二位藤原朝臣良房は朕の外舅《がいきゅう》なり、また稚親王におわします時より助け導き、供奉《つかへまつ》れる所もあり、今もまた忠貞なる心を持て、食国の天下の政を相いあななない申し賜い、助け奉る事も漸《ようや》く久しくなりぬ、古人言あり、徳として酬ざる無しとなも聞し食《お》す、而《しか》るに今、在《いま》すところの官は、掛《かけま》くも畏《かしこ》き先帝の治め賜る所なり、朕は未だ報いるところあらず、是《これ》を以《もっ》て、殊に太政大臣の官に上げ賜い治め賜うと（中略）勅たまう天皇が御命を、もろもろ聞し食えと宣たまう、

まず人臣で太政大臣になった先例としては、奈良時代の恵美押勝《えみのおしかつ》（彼は太政大臣等の官名を改易し、太保《たいほ》等としたが、その太保に就任）と僧道鏡《どうきょう》（彼は僧俗あわせた最高の地位を表す太政大臣禅師に就任）の二例で、それ以外にはないから、まさに異例の措置であったのがわかる。しかも当時良房は右大臣であったから左大臣に就任することで政権を掌握できたのに太政大臣になったところを見ると、良房の名誉欲は並々ではなかったという見方がある。もしそうなら太政大臣への就任は、良房の強い要請によったことになる。だがそう

であろうか。

良房の任太政大臣は文徳天皇の意思である。先の『文徳実録』によると、天皇はとくに宣制を下して、良房は天皇の外舅（生母の兄）であるが、すでに政治を補佐すること久しく、これに酬いるがために太政大臣に任命したと述べている。しかしこれは表向きの理由で、実際には、良房の任太政大臣は、「文徳天皇の病弱による皇権の不安をカバーするための処置であった」との説が妥当であろう。

この宣制に対し、良房は何度も上表して辞退している（『文徳実録』天安元年二月辛卯《かのとう》条、同丙申《ひのえさる》条、三月辛丑《かのとうし》条、同甲辰《きのえたつ》条）。しかしそのつど、勅答が下されて許されなかったが、この上表・勅答を通じて良房の任太政大臣の意味が明らかになっているので、もう少し上表・勅答の経過を追ってみよう。

太政大臣は則闕《そつけつ》の官といわれ、それに相応《ふさわ》しい人物を得てはじめて任用されるから、これまで太政大臣の任用が行われなかったのも故なしとしない。ところで太政大臣の職掌は職員令2太政官条によると、次のように記されている。問題があるので、まず原文を引用しておこう。

師範一人、儀形四海、経邦論道、燮理陰陽、

右のとおり難解なので、次に読み下しておくが、それでもよくわからないところがある。

一人に師とし範として、四海に儀形たり、邦を経め道を論じ、陰陽を燮らげ理めむ、

右の文意は、太政大臣は一人（天皇）の道徳の師であり、四海の民の規範たるべきものである。また邦を治め道を論ずるは政を正しくすることであり、天地自然の運行を正しくする、ということらしい（日本思想大系『律令』補注〈2職員令〉）。注解を見てもなかなかわかり難い文言であるため、後に述べるように太政大臣の職掌をめぐって、平安時代前期の政治史を彩るさまざまな論議が交わされるのである。それはともかく、すでに『令義《りょうのぎ》解《げ》』や『令集解《りょうのしゅうげ》』（ともに『新訂増補国史大系』所収）も太政大臣の職掌の有無を問題にしていることに留意しておきたい。たとえば官撰の令の注釈書である『令義解』によると、太政大臣について次のとおりである。ここでもまず原文を引いておこう。

言太政大臣、佐王論道、以経緯国事、和理陰陽、則是有徳之職、非分掌之職、為无其分職故、不称掌、設官待徳、故无其人則闕也、

右の前半部については、先の注釈のとおりであるが、「則是有徳之職」に続く文意は、太政大臣は有徳《うとく》の人がいたときに限って任用されるもので、とくに掌るべき職がさだめられているわけではないから、その人がいなければ空席にしておくのだとの意味である。

これが太政大臣について、平安時代初期に策定された公式の解釈であるが、このような解釈が行われているときに、良房は右大臣より太政大臣に補任されたのである。例によっ

て良房は太政大臣の任命を辞退する表を上っているが、この表によると、良房自身も太政大臣の意味をよく知っているようで、最初の上表文（天安元年二月辛卯《かのとう》）に、

臣聞、太政大臣、君人取則、玉燭攸調、無其人則闕、誠有以也、

と記している。したがってもし良房が政治の実権を掌握するのを目的とするなら、左大臣こそ実権を揮《ふる》える官で、しかもちょうど左大臣が空席になっていたのであるから、あえて職掌に問題のある太政大臣に就任の必要はないように思う。良房の任太政大臣は良房の意思ではなかったとみる第一の理由である。

第二に、もし良房が任太政大臣を望んでいたとすれば、それ以前に良房自身が太政大臣の職掌についてもう少し明確にしておいてもよかったのではなかろうか。良房は太政大臣に補任されたあと上表して辞退しているが、三度目の上表（三月辛丑《かのとうし》）に対して天皇は勅答して、わが太政大臣を漢の高祖の功臣蕭何《しょうか》に比定している。かつて福井俊彦は、漢の高祖の功臣蕭何は丞相の上の相国に任ぜられ、陰陽調和のみならず政治の総攬者の地位を与えられたと指摘している。良房は太政大臣に職掌のないのを恐れて辞退したのに対し、天皇は良房に対し、蕭何のように政治の総攬者としての地位を与えて彼の不安を除き、さらに皇権の不安をカバーさせようとしたのである。また良房の四度目の上表に対し、天皇は「崇号所宣、不乖摂位」と勅答して上表を却下している。太政大臣の職掌の有無に対す

る良房の不安は、これらの勅答によってしだいに払拭《ふっしょく》されたのであろう。

良房の任太政大臣を良房の意思と考えない理由は以上のとおりである。

太政大臣就任から一年余り後の天安二年八月二十七日に文徳天皇が崩御し、当時九歳という幼少の清和《せいわ》天皇が践祚《せんそ》された。良房の太政大臣任命の真の目的が、「天皇の病弱による皇権の不安をカバーするためにとられた措置」とすると、まさに良房は皇権の不安をカバーすべき事態に直面することになったのである。天皇が崩御するや、良房は史上はじめての幼帝の践祚を行い、太政大臣として政務の総攬を行うことになったのである。

しかし貞観六年正月一日に天皇が元服されると、良房の立場にも変化が現れてくる。おそらく良房自身にも、太政大臣の職掌について疑問が生じはじめたためではあるまいか。もともと良房の任太政大臣は、文徳天皇の病身と皇太子の幼少という特殊な状況下において、万一の事態を想定して任命されたものである。そして任官後、幾ばくもへずして、九歳の天皇の践祚という新事態を迎えることになった。したがって良房は、太政大臣として政務を補佐したのであるが、天皇が元服されると、もはや任太政大臣のときのような皇権に対する不安もなく、太政大臣として政務を補佐する理由もなくなったのである。また良房自身、その年の冬に大病に罹り、翌年秋には平癒したようであるが、良房は仏道三昧に耽《ふけ》り、朝廷に出仕しなかったようである。

良房の摂政補任

応天門の変はこのようなときに発生した。変後の処置にあたり、当初、応天門放火の容疑者とされた左大臣源信は出仕せず、源信を犯人にしようとした右大臣藤原良相《よしみ》と大納言伴善男のうち善男が実は放火犯人として処分され、良相は誤認逮捕というミスを犯し、解任こそされないが、政局から一歩退かざるを得ない状況に追い込まれている。左大臣・右大臣そして筆頭大納言を欠いた太政官政治は機能マヒ状態になっている。元服を了《お》えたとはいえ、当時十七歳の天皇がこれらの事態に対処するにはあまりにも若年すぎたのであろう。そこで外祖父良房の出仕を促したが、良房にすれば、文徳天皇が彼に託した政治の総攬者の地位は、清和天皇の元服によって解消したものと考えたのではあるまいか。このため天皇は、改めて良房に天皇を輔弼《ほひつ》する任務を与えることにした。すなわち清和天皇は、良房に対し、新たに摂政という任務を設けて輔政を行わしめようとしたのである。のちにその任務が職として定着すると、良房が人臣にして最初の摂政に補任《ぶにん》されたと認識されるのであるが、こうした経緯からみて、良房の摂政補任は良房の権勢欲ではなく、天皇の政務を補佐するものとして補任されたと考えてよいと思う。換言すれば、良房の補任された摂政は、いわゆる後世の摂政でなく、むしろ関白と実質を等しくするものといってよいのであろう。その点は良房についで摂政に補任されたという基経の場合をみるといっそう明確になる。

基経の摂政補任の時期は、「『公卿補任』と『三代実録』に見える摂関」で述べたように陽成天皇の践祚された貞観十八年十一月二十九日である（D説）。当時左大臣に源融《みなもとのとおる》がいて、基経は右大臣であったが、二、三年前より政権は基経に掌握されていたようである。それに基経は天皇の母藤原高子《たかいこ》の兄であったことから、天皇が践祚されると、外舅として摂政の任務を与えられたのである。すでに摂政の任務を与えるルートは敷かれていたから、基経を摂政とするのに異論はなかったようである。

ただ基経が摂政を命ぜられた時期は良房の場合と異なり、天皇の元服以前であること、譲位・践祚の行われた日であったこと、しかもその任命が陽成《ようぜい》天皇自身でなく譲位した天皇（清和天皇）の譲位の宣命《せんみょう》の中で命ぜられている点である。これらは後代の摂政補任の形式そのものであるから、摂政補任の形式はこのとき定まったといってもよい。しかし基経の摂政も良房の摂政と相通じる面があり、また創設期の摂政としては関白との区別も明らかではなかった。

幼主の摂政を命ぜられた基経は、天皇の元服された元慶《がんぎょう》六年以降も摂政の任に留まっている。前述のように『公卿補任』などは当時関白としているが『三代実録』によると引き続き摂政としてその任にあり、基経自身、しばしば摂政の任務を解かれるように要請している。結局、基経が摂政を解任されたのは陽成天皇の譲位のときと考えられるから、天皇の元服後、かなりの年月をへてからである。したがって後代のごとく、天皇元服後は復《ふく》辟《へき》（摂政の解任を請うて政治を天皇に復す）して摂政を改めて関白に補任されるのとは異なり、基経は天皇元服後も摂政の地位に停まっている。その意味では基経の摂政は後代の関白と同様のものといえる。

後代の観念によって摂政や関白に補任されていると述べたが、ここで後代の摂政・関白とは何か、その相違について簡単に整理しておこう。摂政は幼主または女帝（ただし江戸時代）のとき、天皇に代わって政務をみるのに対し、関白は天皇が成人のとき、天皇の政務を補佐するのを任務として補任されている。したがって「摂政は天子なり」とか「摂政は天子に等しい」といった理解があるが、関白は「臣下第一の人なり」といわれ、両者は身分的に懸隔がある。

このような摂政・関白の区別からみると、良房の摂政や陽成天皇の元服後の基経の摂政を後の関白と区別することは不可能である。

関白の制が定まったのは、次章以降で取り上げるように宇多《うだ》天皇のときである。そのとき、いわゆる阿衡《あこう》の紛議が生じてくるが、そのなかで関白の意味が明らかになってくる。次章で、基経の摂政・関白補任の背景とともに、阿衡の紛議を考えることにしよう。

成立期の摂関制（二）

藤原基経の摂関補任の背景

前章に引き続き、成立期の摂関制について検討していきたい。前章では主として藤原良《よし》房《ふさ》を取り上げ、摂《せっしょう》政制の成立について考えてみた。そこで本章では、藤原基経《もとつね》の場合を中心にしてさらに摂政について、ついで関白制について検討することにしたい。

藤原基経の摂政・関白の補任《ぶにん》の背景と影響を考えてみよう。

基経の著しい官位の昇進

基経は長良《ながら》の子として生まれたが、長良の没後、その弟良房の猶子《ゆうし》になっている。彼は貞観《じょうがん》六年（八六四）従四位下《じゅしいのげ》で参議に列せられ、同八年には上位者七人を超えて中納言になり、同十二年に大納言、同十四年には右大臣となり、同十八年十一月二十九日陽成《ようぜい》天皇の践祚《せんそ》にあたって摂政の任を命ぜられた（D説）。『公卿《くぎょう》補任《ぶにん》』によると、「天下の政を摂り行うこと、旧《もと》の如し」とある。この書き方ではかつて摂政であったが、重ねて摂政になったかのように読める。前にも述べたように、『公卿補任』は良房の薨去した貞観十四年に引き続き基経が清和《せいわ》天皇の摂政になったと記している（C説）。しかしそれが誤りであることは繰り返す必要はない。もっとも貞観十八年に『公卿補任』が基経の摂政補任を「旧の如し」とするのは貞観十四年に摂政になっていたとすれば辻褄があっているようであるが、十四年説は根拠がないから、十八年にはじめて摂政に補任されたと考えるべきである。『三代実録』も貞観十八年十一月二十九日に摂政の補任が行われたとする。前に述べたD説によるのがよい。

ところで基経の摂政補任は陽成天皇の践祚の日、先帝清和天皇の譲位の詔《みことのり》によって行われた。さきにも触れたように、譲位・践祚にあたって新帝の幼少の場合は、先帝の譲位の詔で摂政を補任するのが例であるが、幼主に統治能力がない以上、輔弼《ほひつ》の臣を置いて政務を代行、補佐させる必要がある。基経の摂政補任はその初例となる。

はじめて幼少で皇位についた清和天皇の場合は、文徳《もんとく》天皇の在任中に良房を太政《だいじょう》大臣《だいじん》に任じて後事を託し、文徳天皇の崩御、清和天皇の践祚後は太政大臣良房が特別の任務を与えられて政務を補佐してきた。

陽成天皇も幼少で皇位に即《つ》いたが、当時は太政大臣は置かれていなかった。良房の場合は太政大臣であったが、特別に勅《ちょく》を下して任務を与えて事に対処できるようにした。しかし陽成天皇の即位のとき太政大臣は置かれておらず、右大臣基経の上席に左大臣源融《みなもとのとおる》がいたので、天皇が表向き基経に政務を委ねることはできない。そこで清和天皇は譲位にあたって新帝陽成天皇のため輔弼の臣を新たに命じる必要が生じた。

候補者は二人いた。一人は基経、もう一人は左大臣源融である。当時、融は官位第一の人で、皇統に連なる人である。もっとも融は嵯峨《さが》天皇の皇子で、陽成天皇の曾祖父仁明《にんみょう》天皇の弟であるから皇統に連なるとはいってもすでに遠く、しかも臣籍に降下している。しかしなにはともあれ皇親であった。それに参議になって以来、常に融の方が基経よりも上位にあったから、融が輔弼の臣となったとしても不思議ではなかった。だが実際にはもう一人の候補者基経が摂政になったのである。

貞観十四年（八七二）八月二十五日、良房の病勢が進むなかで、融と基経は大納言からそれぞれ左大臣・右大臣に任命され、それから間もない九月二日に良房が薨去《こうきょ》した。ここに良房の時代は幕を閉じたが、ついで基経の時代が始まっている。融は政治に向かぬ人であったとの評価がある。たしかに融には風流の心があった。しかし融が政治に向かなかったのではなく、基経の政治力が融に勝っていたとみるべきであろう。

藤原氏は始祖鎌足《かまたり》以来、代々政局の中枢にあって権力を掌握していた。しかし藤原氏以外に権力が移行しそうな時期もあり、現実に一時的ではあるが藤原氏以外の者に権力が掌握されたこともある。藤原氏は、鎌足やその子不比等《ふひと》以来培ってきた勢力を回復し、一時後退してもたちまちにして政局の中枢に人脈をめぐらした。その理由が何かについては、いくつか考えられる。たとえば、相次いで優秀な人材が輩出したのも大きな理由になるが、天皇とのミウチ的関係も無視することはできなかった。

良房が太政大臣や摂政になったのは、代々官界の中心にあって政局を掌握していた藤原氏の伝統と、良房個人の能力、それに良房が文徳・清和天皇の外戚《がいせき》であることが大きく左右していた。基経の場合も、叔父良房の威光にもとづくもの（たとえば参議から七人を越えて中納言に補任されたことなど）もないわけではないが、卓抜な政治力と陽成天皇の外戚であるのが重要な要素であった。応天門の変で、当初、左大臣源信《みなもとのまこと》が放火の容疑者とされ、右大臣藤原良相《よしみ》は基経に命じて信の宅を囲ませた。このとき基経が活躍して信は事なきを得た。その経緯は「平安時代初期の政変」の章の「応天門の変」で触れたが、応天門放火の容疑者に挙げられたのは信だけではなく、他にも弟の融や勤《つとむ》もいた。したがって彼らは基経の活躍に恩義を感じたはずである。その基経が変のあと参議から一躍七人を超えて中納言になり、大納言・右大臣へと昇進していくのである。

基経の著しい官位昇進は、貴族たちからは羨望と嫉妬のまなざしで眺められたことであろう。ことに当時の政界で藤原氏と並ぶ地位を占めていた源氏の人々は、基経の著しい官位昇進を快くは思っていなかったと思われるが（実は源氏の例に倣ったものである）、応天門の変の経緯からみて基経の昇進を阻止することはできなかった。

もっとも藤原氏も源氏に対する配慮を加えていた。応天門の変の翌々年、左大臣源信が薨去すると、翌年弟の融を中納言から大納言に昇進させている。ただし、このとき基経も大納言になるが位階では融の正三位に対し基経は従三位である。その後、良房が薨去した貞観十四年には、基経は右大臣となるが融は左大臣になっているから、基経の昇進にあたって源氏の棟梁《とうりょう》である融の昇進も同時に行われている。基経の著しい昇進をカムフラージュする意味もあろうが、源氏に対する配慮もあったとみてよいのであろう。

ところで源融の官位の昇進は、基経の官位昇進の煙幕として利用されただけではなかった。彼が左大臣に補任されたときの詔に「大納言正三位源融朝臣は、久く朝政に経奉て、今時に至までに怠緩することなし」とある（『三代実録』貞観十四年八月二十五日）。これが左大臣任官の詔であることを差し引いても、彼が政務に精励していたと考えてよい。『類《るい》従三代格《じゅさんだいきゃく》』（『新訂増補国史大系』所収）に収める太政官符（宣旨）の上卿《しょうけい》名について、かつて土田直鎮の丹念な調査結果によると、融は左大臣に就任後、基経が陽成天皇の摂政になるまでと、陽成天皇が退位し、光孝天皇が即位された後融自身が薨去する前年までの間、ほぼ毎年一、二度は官符（宣旨）発給の上卿として姿を見せており、実質的に政務に携わっていた様子が窺える。しかし基経が陽成天皇の摂政に在任中、融の姿は一度も見ることはできないのである。

基経は貞観八年（八六六）に中納言に抜擢されるが、その翌年から官符（宣旨）を発給する上卿として見え、太政大臣に就任する元慶《がんぎょう》四年（八八〇）までを調査すると、基経は全官符（宣旨）一二八通中実に八二通の上卿を勤めている。まことに奮迅の活躍である。官符発給の上卿を勤めることが直ちに権力を掌握していることを示すわけではないが、政令発布が上卿を通じて行われていることは、政務の運営が誰によって主導されていたかを計るバロメーターの一つになる。

基経のこのような活躍は、良房在世中からであるから、良房の権力を背景にしていたのは間違いないが、良房薨去後も右大臣として官符（宣旨）発給の上卿を勤めた回数は左大臣融の回数を凌《しの》ぎ、ことに貞観十八年（八七六）には融が一回であるのに基経は一四回も行っており、両者の力関係は官職とは逆の関係が成立していたと考えられる。ここで左大臣源融と右大臣藤原基経との関係に整理が必要であるが、しばらく保留しておきたい。

基経の摂政補任

貞観十八年、基経は摂政を命じられた。基経の政治的実績にもよるが、この摂政任命には一つの問題が含まれていた。基経が摂政の任を命ぜられたのは陽成天皇が九歳という幼年で践祚したことに由来する。当時、清和天皇はまだ二十七歳で譲位するには早すぎた。これ以前に譲位した天皇の年齢を調査しても三十歳以前の例は皆無である。しかし清和天皇は、坂本太郎の指摘のように、自身の病気、天下の災異、そして思いがけない大極殿の火災によって譲位したのである。天人感応思想が浸透すればするほど、右のような異変は清和天皇に譲位を決意させたのであろう。当時、皇太子はまだ九歳である。清和天皇自身も九歳で皇位に即いたとはいえ、先帝文徳天皇の崩御という非常の際である。だが条件はまったく違っていたが、天皇はかつての良房のような後見人さえ得られたならば、九歳の皇太子であっても皇位に即けることは可能であると判断したのであろう。『三代実録』貞観十八年十一月二十九日壬寅《みずのえとら》条によると、

皇太子、東宮より出て、牛車《ぎつしや》に駕《が》して染殿《そめどの》院に詣る、是日《このひ》、天皇、位を皇太子に譲る、勅すらく、右大臣従二位兼行左近衛大将藤原基経、幼主を保輔して天子の政を摂り行うこと、忠仁公の故事の如し、詔して曰く、（中略）右大臣藤原朝臣は、内外の政を取持て、勤仕し奉ること、夙夜《しゆくや》懈《おこ》たらず、また皇太子の舅氏《きゆうし》なり、其の情操を見るに、幼主を寄託べし、然《しか》れば則《すなわ》ち、少主の未だ万機を親《しら》さざるの間は、政を摂り事を行んこと、近くは忠仁公の朕が身を保佐するが如く、相扶《あいたす》け仕《つか》え奉《たてまつる》べし、

とあるように、清和天皇は譲位の詔のなかで、皇太子を皇位に即けるとともに、基経に対し、幼主を輔《たす》けて天下の政治を摂り行うこと、すなわち忠仁公（良房）が自分にしてくれ

たのと同じようにするようにと命ぜられたのである。

基経が摂政に任命されたのは、藤原氏側の画策とみる考えがある。基経の妹高子《たかいこ》は清和天皇の中宮で陽成天皇の生母である。陽成天皇の一日も早い践祚と藤原氏のより確実な勢力安定を願って、三十歳にも満たない天皇の譲位と九歳の幼帝の践祚を行い、基経を摂政にしたとする考え方である。たしかに藤原氏、あるいは基経に権力志向がなかったとはいえないと思う。しかし清和天皇の譲位の理由はさきに記したとおり天皇の意思であるから、基経はその機会に陽成天皇の摂政を命ぜられ、政務を総攬することになったのである。

以上からも明らかなように、基経らの画策によって、清和天皇の譲位、陽成天皇の践祚、そして基経の摂政就任が行われたと考えるのは賛成できない。

ところでここに一つの問題が生じていた。さきに保留した問題であるが、基経は右大臣で、融は左大臣であったという点である。時代は下るが、寛和二年（九八六）六月二十三日に一条天皇の摂政になった藤原兼家《かねいえ》は、ときに右大臣で、太政大臣・左大臣の下風に立っていた。そのため兼家は右大臣を辞任して摂政専任となった。摂政はそれまで左右大臣などのような官職でなく、天皇に代わって政務を執る機能を与えられたものである。本官といえばあくまでも大臣である。兼家は、摂政が律令官制上最高の官職である太政大臣・左大臣の下に立つのは不都合が多いとして、太政大臣・左大臣に拘束されないように右大臣を辞任し、摂政を独立の官のようにしたのである（『葉黄記』寛元四年十月十七日条）。ここに摂政専任の例が開かれたが、爾来《じらい》摂政に補任されたときの本官が他の者より下位にあっても、本官を辞任することでとくに問題はなくなった。なお摂政の補任にあっては、摂政は必ず大臣の官にあるのを資格にする。ただし摂政経験者が改めて摂政に補任されたときは、必ずしも大臣在任中である必要はない。摂政初任のとき大臣であったからである。なお次に述べる関白の場合も摂政と同じ資格で任用されるから、その点では摂政の補任資格を摂政・関白（摂関）の補任と置き換えてもよい。

元に戻って基経が摂政を命ぜられたとき、基経の本官は融の下風にあった。良房のときはすでに太政大臣であったから問題ないが、基経は左大臣融を越えた権限を得たのである。当時まだ摂政専任という観念はないから、直ちに融の処遇が問題になる。すでに太政官符の発布にあたって基経は融を凌駕していたから実質的に基経が政務を掌握していたが、そのことと官制上の地位は別個である。基経が摂政に補任の翌年に、融は直ちに上表して解任を奏請したが、天皇はそれを許さなかった（『三代実録』元慶元年十二月四日）。さらに融は元慶二年正月にも上表しているが認められず（同上、正月三日）、融はおそらく悶々として日を過ごしたことであろう。もともと融は貞観十五年以降、太政官符発給の上卿を勤めているのは年間一度だけであるが、基経が摂政に任命されて以降、解任されるまでの間、融が上卿を勤めた例はない。基経が摂政になって以降、融は自らをいかに処すべきか考えていたのではあるまいか。それから間もなく、基経が太政大臣に任官すると、融は上卿どころか、ついには門を杜《とざ》して出仕せず、山荘に籠る生活を送ることになった（山中裕「源融」『平安人物志』所収、東京大学出版会）。このように融自身が政界から身を引くことになったから、基経が政務を行ううえでの支障はなくなったのである。なお融は基経の摂政在任中、つまり陽成天皇の退位するまで出仕していないが、次の光孝天皇が皇位に即かれると、再び出仕している。その理由については後に述べる。

さて基経は、陽成天皇の幼少のとき摂政を命ぜられたが、天皇が元慶六年（八八二）に元服すると解任を請うている。しかし天皇の聴許《ちょうきょ》はなかった。後代には天皇が元服すると、おおむねその翌年には政事を天皇に復するための上表（復辟《ふくへき》の表）を行い、受理されると、引き続き関白に補任されるのが例で、天皇元服の年齢が十一、二歳ぐらいのときは、関白になるとともに、准摂政の宣旨を下されている。准摂政とは、文字どおり摂政に准ずる職掌を与えられるもので、しかし天皇が十五歳ぐらいになると、天皇が政治の場に出御し、政務をみるようになると、准摂政の任務は終了し、関白として天皇を補佐するようになる（拙稿「准摂政について」『日本歴史』三四九）。基経のときこのような制度はまだ成立しておらず、陽成天皇元服後も基経は摂政の任にとどまっていた。その点では清和天皇の元服後摂政に補任された良房の例と似ている。ともにこれらは後代ならば関白とあるべきところであるが、引き続き、摂政としている。当時、摂政とは政務を補佐するものであって、摂政と関白の区別はまだ成立していなかったのである。

基経の太政大臣補任

陽成天皇の在位中の元慶四年（八八〇）十二月四日、基経は太政大臣に任ぜられた。したがって陽成天皇の退位のときまで摂政太政大臣であった基経は、光孝天皇の践祚とともに摂政の任を解かれたが、引き続き太政大臣として官界最高の地位についていたのである。ところがさきにも触れたように、太政大臣の職掌は明確でない。良房が太政大臣に補任されたのち、その地位や性格は明らかにされたが、太政大臣一般の性質を明らかにしたというよりも太政大臣良房の地位や性格を定めたものであった。したがって基経が元慶四年に太政大臣に補任されたとき、その地位や職掌は良房のかつての状況と同様であった。それにもかかわらず基経が太政大臣に補任されたのは、摂政にふさわしい本官に就けるためにとのことであった。しかしその年以降、基経は太政官符発布の上卿として一度も姿をみせなくなる。太政大臣に職掌がないとの理由かららしいが、ついで元慶六年正月二日に天皇が元服すると、基経は「摂政を罷めて帝が万機を自らしろしめすことを請う」と摂政解任の辞表を捧呈した（『三代実録』元慶六年正月二十五日条）。直ちに天皇は勅答して聴許せられず、その後も基経は辞表を上るが、聴許されないため（『三代実録』同月二十八日、二月一日条）、出仕しなくなり、官人らは、基経邸に行って文書をみせ、指示を仰ぐこともあったという。『三代実録』元慶七年十月九日条によると、

是れより先、太政大臣、頻りに抗表して、摂政を停めんことを請い、月を累ねて事を視ず、是の日、弁・史、堀河辺の第に参り、庶事を白《もう》す、

とある。その後、陽成天皇が退位し、基経が命ぜられていた摂政の任も自ずから解消した。その後を承けて、光孝天皇が践祚した。そのとき基経は太政大臣ではあったが、摂政ではない。もとより良房のように太政大臣として政務に臨むこともできなくはないが、またもや太政大臣の性格が明確でない。

光孝天皇は博士たちに命じて太政大臣の職掌を諮問した。職掌の有無に議論はあったが、その議論をふまえて、ついに天皇は、

今日より官庁に坐て、就て万の政を領り行い、入りては朕が躬を輔け、出ては百官を総《す》ぶべし、應《まさ》に奏すべきの事、下すべきの事、必ず先ず諮り稟《うけ》よ、

と勅を下した（『三代実録』元慶八年六月五日条）。つまり万事は基経の掌るところで、天皇を補佐し、百官を統括し、上奏・下達の文書などは必ずまず基経に相談するとのことであった。ここには関白の語はないが、後代関白補任の詔とほとんど同じ主旨の文章であるか

ら、これを関白の初例とする説も多い。ところで元慶八年の勅は太政大臣藤原基経の職掌を明らかにしたもので、太政大臣の外に別の役職を設けたものではない。

かくして太政大臣基経は光孝天皇の勅によって天皇在任中は政務を総攬したが、天皇譲位のあと宇多《うだ》天皇が践祚すると、ふたたび太政大臣の職掌が問題になり、いわゆる阿衡《あこう》の紛議が起こる。節を改めて述べることにしよう。

阿衡の紛議と『政事要略』

関白の語の初例

光孝《こうこう》天皇の後を承《う》けて皇位に就いたのは天皇の第七皇子源定省《みなもとのさだみ》である。定省はかつて源姓を賜っていたが、天皇は定省の才能を愛し、皇籍に復帰させて、仁和《にんな》三年（八八七）八月二十六日皇位を譲ったのである。かくして定省は宇多《うだ》天皇として皇位を践《ふ》むことになったが、同年十一月十七日即位礼が行われた。その四日後に新天皇は詔《みことのり》して基経《もとつね》に対し、「万機巨細、百官惣己、皆関白於太政大臣、然後奏下、一如旧事」と述べている。ここに見える関白の語が、わが国の文献に見える関白の初例である。

ところで阿衡《あこう》の紛議《ふんぎ》について正史に記載がない。というよりも古代の正史である六国史《りっこくし》は『三代実録』を最後にしており、『三代実録』の所収年次は光孝天皇の譲位した仁和三年八月までであるから、それより後に生じた阿衡の紛議が正史に記されていないのはやむを得ない。もっとも六国史の後をうけて正史編纂の試みがなされたことはあるが、六国史のような形での完成はみられなかった。平安時代の中頃に編纂されたといわれる『新国史』は『三代実録』のあとをうけたものらしいし、『国史後抄』も六国史のあとより起筆していたもののようである。ただこれらは現存していないので、実体をつかむことは不可能である。しかし六国史以降の歴史を調査するうえで、私たちは『大日本史料』を利用できる。『大日本史料』は、東京大学史料編纂所が六国史以降、明治維新に至る間の歴史を調査するための根本史料を蒐集し公刊しているもので、今も膨大な史料を編年順に編纂・刊行している。まさに国家的大事業である。

阿衡の紛議に関する史料は『大日本史料』の第一編第一冊に収められている。それを見ると、阿衡の紛議に関する史料として『日本紀略《にほんきりやく》』『政事要略《せいじようりやく》』『公卿補任《くぎようぶにん》』（いずれも『新訂増補国史大系』所収）などがある。

さきにも少し触れたが、『日本紀略』は神代から後一条天皇の葬送が行われた長元九年（一〇三六）五月までを収めている。六国史の体裁にならい、編年体の歴史書である。六国史や外記《げき》日記・王公貴紳《おうこうきしん》らの日記などから記事を引いており、内容的にも信憑性は高い。六とくに六国史のうち『日本後紀』の欠失部分は本書で補うことができるし、六国史以降の分については体系的史書がないので本書の価値は大きい。ただときに平行史料と対比すると年月日に相違のある場合もあるから、『日本紀略』であるからといって、そのまま事実であると断定できないこともある。なお本書は編者・成立年次ともに未詳で、書誌学的に追究すべき点が多い。

『政事要略』は明法《みょうぼう》博士惟宗《これむねの》允亮《まさすけ》の編で、寛弘年間（一〇〇四～一〇一二）の成立とみられている。本書はもと一三〇巻あったが、現存するのはわずかに二五巻にすぎない。現存部分によると、年中行事・交替雑事・糺弾雑事・至要雑事などの部に分けられているのがわかるし、このほかに公務要事・臨事雑事・国郡雑事なども存在したらしい。允亮がどのような目的で本書の編纂に着手したか不明であるが、『令集解《りょうのしゅうげ》』の編者として名高い惟宗直本《なおもと》を曾祖父に、『本朝月令《ほんちょうがつりょう》』の著者惟宗公方《これむねのきんかた》を祖父としているから、明法家《みょうぼうか》として政事・法制に関する諸問題について、制度の淵源《えんげん》となる法典・運用・解釈などを整理し、将来に備えたものであろう。平安時代史研究にとって不可欠の文献である。ただ全体の六分の一ほどしか残っていないのはいかにも残念であるが、それでも本書の価値は高い。たとえば本書には、六国史以後の記録・官符を多数収めているばかりか、六国史の範囲内にある官符でも本書以外に伝えられていないものもあるし、今日伝存していない典籍・記録を多数引用しているのも特色で、引用文献は一〇〇種を越える。なかんずく、今日伝わらないものが五〇種もあり、古記録の逸文を蒐集することもできる。また現存している書物でも『令集解』などのように完本でないものもあり、その欠を補うこともできる（『国史大系書目解題』下、吉川弘文館）。当面の課題でいえば、『政事要略』は阿衡の紛議に関する史料が一括収録されていて、その経過を具体的に追求できる。

阿衡の紛議

阿衡の紛議は、仁和三年（八八七）十一月二十一日に基経に関白の詔を下されたのに端を発している。ついで同年閏《うるう》十一月二十六日、基経は表を上《たてまつ》って関白の辞任を請うた。この上表は大臣等に補任されると、儀礼的に捧呈する譲表と同じで、一般に三度上表することから三譲表ともよばれるものである。ただ、『西宮《さいきゅう》記《き》』などによると、大臣のときは初度・二度の表は受理できないとして返却するが、三度目の表には勅答を下して辞任を聴《ゆる》さないのが例である。しかし今般は、初度の表が関白の詔より一ヵ月近く経って上られ、これに勅答が下されている。まず上表文の内容を見ると、基経はその任に耐えられないと謙譲しているもので、後代しばしば捧呈される上表文と変わりはない。この上表文に対し、天皇は、その翌日に勅を下して基経の上表文却下を告げたが、そのなかで基経に対し、

いわゆる社稷《しゃしょく》の臣にして、朕の臣に非ず、宜しく阿衡の任を以《もっ》て、卿の任と為せ、

と述べ、勅答の由を明らかにしている。右引用文中の前の部分を省略しているためわかり

にくいかもしれないが、右の一文は橘広相《たちばなのひろみ》の作成したもので、まず基経は国家の臣であって、天皇一個人の臣ではない、ついで基経は阿衡を任とせよとの意味である。

さきに光孝天皇は即位のときに、太政大臣基経に対し実質的には関白と同じ内容の任務を行うようにとの詔を下していたが、その詔は天皇一代の間にかぎられていたらしい。摂政や関白は詔書によって補任《ぶにん》されるが、代替わりに引き続いて摂政または関白の任を行うときは、改めて補任の手続きを必要とする。先帝の摂政・関白であってもそのままその任務にとどまることはない。したがって光孝天皇のときに下された実質関白と同じ詔の効力は宇多天皇の代に入ると効力をもたなかったため、天皇は改めて太政大臣基経に対し、関白の詔を下し、基経がそれを辞退すると、基経は天皇の臣ではなく国家の臣であると述べたのである。

ただここで注目したいのは、この紛議に関する史料の多くが、宇多天皇の日記（『寛平御記《かんぴようぎよき》』という）に負うていることである。それだけに宇多天皇の当時の気持ちが直接、理解できるのである。

もともと『政事要略』には多くの記録・典籍を引用していることはすでに述べたが、天皇の日記も多く引用している。その日記の仁和四年五月十五日条に、基経は「去年八月より今日に至るまで、未だ太政官申す所の政を奏せず」とある。これによれば基経が政務をみなくなったのは阿衡の任に擬せられてからでなく、それ以前の八月からとあるから、宇多天皇の践祚《せんそ》直後からとなる。しかし基経は宇多天皇の践祚に反対ではなかったから、天皇践祚に抵抗して政務を見なかったのではない。それどころか『寛平御記』仁和四年六月二日条によると、宇多天皇は践祚するや、「卿は前代よりなお政を摂り、朕が身に至っては親《した》しく父子の如し、宜く摂政するのみ」と述べ、基経も「謹んで命の旨を奉り、必ずよく奉る」と奉答している。それにもかかわらず、基経は天皇践祚直後から政務を見ていなかったのである。なぜ基経は天皇の期待に反して政務を見なかったのであろうか。天皇と基経の間に確執らしきものが確認できないとすると、基経自身のうちに問題があったと考えざるを得ない。その問題とは、やはり例によって基経が任じられていた太政大臣に由来するものと思われる。ただそうはいうものの基経は天皇から従来どおり摂政をするように命じられているにもかかわらず政務を見なかった、つまり摂政の事を行わなかったのは、太政大臣の任務が明確ではなかったからであろう。

前述のように、基経は、仁和三年十一月十七日宇多天皇が即位すると、二十一日に関白の詔書を賜い、具体的に政務を輔弼《ほひつ》するように命ぜられた。それからほぼ一ヵ月後の閏十一月二十六日に関白を辞するの表を奉るが、天皇は翌日に上表文を却下し、関白の任とは阿衡の任であると述べて基経の輔弼を期待したのである。すなわち阿衡については次に述べるが、即位にあたって天皇が基経に命じたのは、「其万機巨細、百官惣已、皆関白太政大臣、然後奏下、一如旧事」（原文のまま）である。ここで注意したいのは、「一如旧事」とは、かつて光孝《こうこう》天皇のときに命ぜられたものと同じようにせよとのことであったと考えられる。したがって宇多天皇の践祚直後に、天皇は基経に対し摂政するようにと命ぜられ、基経自身奉答したのであるが、前に記したように、そのときから基経が政務を見ていないのは、もともと虚偽の奉答をしたのではなく、政務を補佐するには、太政大臣基経であることが障害になっていたのではあるまいか。そうでなければ、当時、基経が天皇と対立する要素はなく、また政務輔弼の要請にも応えているのである。しかしその要請の時、太政大臣基経の性格があいまいであったためではなかろうか。これまで同じことが何度も繰り返されてきたが、そのつど、なんらかの解決が図られてきた。しかしそこでは根本的な解決、すなわち根元に立ち至っての解決ではなかったために、繰り返し太政大臣であるから政務に参画できないということになってしまったのではあるまいか。

そこで宇多天皇は改めて太政大臣基経が具体的な任務を果たせるように、「関白於太政大臣」と命じられたのが阿衡の任である。

すなわち基経に阿衡の任と述べたのは、基経の任を確実に表現するためのものであった。阿衡とは前記のように中国の古典に由来している。殷《いん》の宰相の官名で、殷王は伊尹《いいん》をこれに任じたが、宇多天皇は基経の関白をその阿衡に比定したわけである。これよりさき良房が摂政を命じられたとき、たびたび指摘するように摂政という職名があったわけではなかった。『日本紀略』延暦十二年（七九三）九月十日条に藤原氏に対して「累代相い承けて、摂政絶えず」と述べているように、もともと摂政とは政務を摂るという普通名詞である。つまり摂政とは、政務を主宰しているという行為を指しているもので、摂政に特定の意味はなかったのである。基経が宇多天皇から関白の詔をはじめて下されたときにも、基経は「三代摂政、一心輪忠」といっており、三代とは清和・陽成・光孝天皇を指しているから、この三代の間、政務を主宰してきたという意味であって、別にこの三代の間、幼少の天皇を輔弼するという、何か特別の任務を負わせられての意味での摂政ではなかった。また基経が関白の辞任を請うた上表文に対する勅答のなかで「摂政を辞すること有り」と記している箇所があるのも、政務に与ってきたという意味である。

　このように摂政という語がまだ特定の意味をもたず、政務を執ることに用いられていた。したがって基経に万機を関《あずか》り白《もう》さしめるにあたって天皇は具体的に阿衡という中国の官名を用いたのである。天皇にすれば、具体的な表現を通じて、基経の役割を明確にしようとしたにすぎないのである。ところが紛議はそこから発生した。

　阿衡の紛議について、宇多天皇と基経の対立を想定する人もいる。たしかに経過をみていると、両者の間に政治的対立があったかのようにみえる。基経が阿衡の語にこだわり、当代一流の学者を集めてその語義を詮議させ、ついに仁和四年（八八八）六月二日、宇多天皇に勅答を撤回させるとともに、十月十三日には勅答文の原作者橘広相を処分しようとしていた。詳しい経過は省略するが、まさに宮中を揺るがすような大紛議そのものであった。しかし基経が阿衡の語にこだわったのは、当代の碩学《せきがく》のひとりで天皇の信認厚い橘広相を快く思わぬ藤原佐世《すけよ》が、広相を陥れようとして、基経のもとに阿衡は位は高いが職掌はないとの説を持ち込んだためである。学問に関心の深い基経は、坂本太郎の指摘のように、阿衡の語義の穿鑿《せんさく》に興味をもったのであろう。宇多天皇や広相を当惑させることになった。広相の失脚を図るのが目的であれば、天皇が勅答を撤回したからといって、それに満足せず、広相の罪状を確定してもよさそうであるが、広相の断罪は沙汰止みとなり、引き続き広相は要職に就いているところをみると、阿衡の紛議は、政治的な事件というより「言葉」の問題で、それを大紛議にした基経は、菅原道真《すがわらのみちざね》らが批判するように児戯に等しいものであったといっては言い過ぎになろうか。なお菅原道真については、「平安時代初期の政変」の章の「菅原道真の左遷」を参照されたい。

阿衡の紛議は宇多天皇の勅答撤回によっていちおう終止符が打たれたが、同時に天皇は、基経に対し、かつて光孝天皇が下したのと同様の詔を下した。そこには関白の語を用いていないが、実質的に関白と同じものである。その後の文献には、爾来《じらい》、基経が薨去するまで関白であったと記している。基経は関白を阿衡に比定するのを拒否したが、太政大臣の職掌として万機に関り白すことまでを辞退したわけではない。したがって仁和三年十一月二十一日以来基経は関白になったといってもよいが、厳密にいえば、関白という独立した官職名が成立したのではなく、もともと基経が太政大臣として行うべき職掌を意味する語であったといってさしつかえない。

関白の語が定着するのは、朱雀《すざく》天皇が幼少で皇位に即《つ》いた延長八年（九三〇）九月二十二日に藤原忠平《ただひら》が摂政となり、承平《じょうへい》七年（九三七）正月四日、天皇が元服されると、同年正月二十五日に摂政を辞退する表を上《たてまつ》っている。これに対し、天皇は許可されなかったが、その後も忠平は承平八年（九三八）二月二十二日、八月十三日、天慶《てんぎょう》二年（九三九）四月二十六日、三年五月二十七日と上表を繰り返し、そのつど、その上表文は受理されず、天慶四年十一月八日にようやく受理されたのである。その日、天皇は新たに忠平に対し、「万機巨細、百官惣己、皆関白於太政大臣、然後奏下、如仁和故事」と詔し、関白のことを命じている。いうまでもなく、仁和の故事とは宇多天皇のときの基経の例で、阿衡の紛議を経過した後の任務を指している。朱雀天皇の元服から四年をへて忠平が関白の任を命ぜられているのである。

しかし関白の任はまだ忠平の時に確定していなかった。『貞信公記《ていしんこうき》』によると、朱雀天皇が天慶九年四月二十日に御弟村上天皇に譲位すると、翌日、新帝は忠平に関白と同じ趣旨の詔を賜ったと見える。同じ趣旨の詔の文言がどのようなものか不明であるが、五月二十日には関白の詔を賜っている。ところが忠平が天暦《てんりやく》三年（九四九）に薨去すると、村上天皇は関白を置かず、いわゆる天皇親政が行われている。

もとより村上天皇の時代には摂政は設置されていないから、しばらくの間、摂政・関白は設置されないが、村上天皇が康保《こうほう》四年（九六七）五月二十五日に落飾し、同日崩御された後を承けて践祚された冷泉《れいぜい》天皇は、その一月後の六月二十二日に藤原実頼《さねより》に関白の詔を下し、安和《あんな》二年（九六九）八月十三日に今度は冷泉天皇が譲位して円融《えんゆう》天皇が践祚されると、十一歳の新帝は先帝の関白を改めて摂政とした。これより以後、天皇が幼少の時は摂政を置き、天皇が元服すると政務を天皇に復するという復辟のことを行って関白に補任される。また天皇がすでに元服していた場合には、先帝の摂政もしくは関白が引き続き新帝の関白に補されることとなり、摂政もしくは関白のいずれかが置かれることとなって、江戸時代の末に至っている。

律令制と貴族制

律令的官僚制

藤原良房《よしふさ》・基経《もとつね》に始まる摂関制《せっかんせい》は、その後、平安時代はもとより鎌倉・室町時代をへて江戸幕府の倒壊するまで存続している。そのような摂関制については、改めて述べることにするが、良房・基経に始まった摂関制が、それが成立した当時、どのような意味を持っていたのかを考えてみたいと思う。しかしすでに「成立期の摂関制」(一)・(二)のなかで、良房・基経の摂関補任の背景を政治史的に考えてみたので、ここではもう少し問題を遡らせ、律令《りつりょう》体制のなかから、なぜ摂関制が生まれてくるのか、その点を検討することにしたい。だが「律令制と摂関制」との関係といっても漠然としているので、もう少し焦点を絞って官僚制と貴族制という観点から見ていくことにしよう。

官僚制の指標

律令体制の特色は、国家がすべての土地・人民を一元的に所有し、支配するところにある。そのような支配を行っていくために戸籍・計帳が作成され、班田収授《はんでんしゅうじゅ》の法や租庸調《そようちょう》および雑徭《ぞうよう》などの負担体系が設けられている。

これらの土地・人民を支配するためには、現実には地方に派遣の国司や現地で任用の郡司などの地方官に負うところが大きいが、中央政府は彼らの任免権などを掌握して、中央集権的な支配体制の樹立を図っている。したがって中央集権的な官僚機構もまた律令体制の特質の一つである。

八世紀初頭に頒布・施行された大宝《たいほう》律令によると、天皇を頂点に、二官（神祇《じんぎ》官・太政《だいじょう》官）八省（中務《なかつかさ》省・式部省・治部《じぶ》省・民部省・兵部《ひょうぶ》省・刑部《ぎょうぶ》省・大蔵省・宮内省）を中核とする中央官司機構がつくられている。これらの官司をはじめ律令制下の官司のほとんどは、四等官（長官《かみ》・次官《すけ》・判官《じょう》・主典《さかん》）によって運営されているが、律令の原則によると、すべての人々は平等に官途につき、官位の昇進を図るのが可能である。それを徳行才用主義といい、能力・識見などがすぐれている者には、制度の上からは、官位の昇進を阻止するものはないようにみえる。その点で律令制下の官人機構は、近代社会の官僚機構に類した構造と特質を持っているようである。少なくとも中世や近世の社会とは明らかに異なった原理を基に、誰でもが官僚機構の中に入っていける仕組みがつくられているようである。

しかしそれはあくまでも建前のことであって、『公卿補任《くぎょうぶにん》』によると、参議に昇進することのできるものは制限があったらしく、誰でもが参議になることができるわけではなかった。参議という高位高官ではなくても、一般庶民の場合、律令官制の四等官の最下位にある主典になることも容易なことではない。したがって律令法によって徳行才用主義が謳われようとも、実際には系譜や家柄が問題になる譜代門閥主義が採用されているから、律令制下の官僚制を近代的な官僚制と同一に論じることはもとよりできるものではない。

たとえば近代的な官僚制の特質として、いろいろのものが指標として考えられるが、ここではマックス・ウェーバーの指摘する近代官僚制の五つの特色を挙げてみよう（ウェーバー著・浜島朗訳『権力と支配』みすず書房。なお本書は大著『経済と社会』の一部を翻訳したものである）。

①規則　行政規定にもとづき、官僚はその規則に拘束され、規則によって行政の執行・処理にあたる。

②職務体系　①に関連するが、官僚はその所属の官衙《かんが》において行政執行にあたるとともに、上級の官庁（官僚）は下級の官庁（官僚）を指揮・監督し、下級の官庁（官僚）はその指導に従って行政にあたる。

③文書主義　職務の執行にあたっては文書によって上申または下達を行い、文書が意志

の疎通を図る。

④専門教育　行政処理にあたるのに必要な専門的知識の取得のための教育機関の設置とその機関に入るための機会の公平さが確保される。

⑤俸給　行政処理等を行うために全労働力を提供することで反対給付を受け、官僚個人のみならず、その家族たちの経済活動を可能とする。

このような官僚の五条件以外にも取り上げるべきものがあろうが、さしあたり右の五条件を考えてみると、律令制下の官僚に該当しているものが少なくないのに気づくであろう。

官僚制の指標と律令官僚制

①　規則については、律令法がそれであり、その改訂のための格《きゃく》や施行細則である式もそれに含めることができる。律令格式《りつりょうきゃくしき》は必ずしも官人の行動規範のみではなく、支配のための機構や運営方法、人民からの収取の内容・手続き、祭祀、軍団、交通なども規定しているように、古代国家のもっとも基本的な法体系である。

このような法は、いわゆる大化改新後の国政改革のなかで中国・唐より導入し、近江《おうみ》令を最初として、飛鳥浄御原《あすかきよみはら》律令、大宝律令、養老《ようろう》律令にと引き継がれて整備されていく。もっとも近江令や飛鳥浄御原律令の存在を疑う人もいるが、とくにその存在を否定しなければならないとも思われない。ただ近江令をはじめ飛鳥浄御原律令、大宝律令の各条文が残っていないために、それぞれの具体的な中身を知ることはできないが、大宝律令と養老律令は内容的にそれほどの違いはないようであるし、大宝令の制定にあたっては、飛鳥浄御原令を准正したと記しているから（『続日本紀』大宝元年八月癸卯《みずのとう》〈三日〉）、准正の内容に問題があるかもしれないが、大宝令の内容は飛鳥浄御原令に準拠してつくられていると考えてもさしつかえない。したがってわが国において中国・唐から律令を導入したとき、大枠においてわが律令の基本的な構想は成立していたと考えられる。

② 律令法体系の導入以前におけるわが国の統治形態は、氏族制に依拠しており、伝統的な慣習法に依存していた。しかし律令法の導入後、国家の運営は律令に依拠し、氏族構成員もまた律令の規制を受けることになった。たとえば一地域に発生した問題の処理は、里から郡、ついで国に伝えられるが、その処置について地域に委ねられることもあるが、国家的統一を図るべき問題の場合は、中央の官司（たとえば民部省）をへて国司・郡司に伝えられ、里長におよぶ。したがって氏族内部で処理されていた問題は、氏族の枠を越え、一氏族や一地域の問題としてではなく、国家の法的秩序のなかで処理されるようになる。それには明確な職務体系を確立しなくてはならないが、律令によると、国家機構のなかに組み込まれた官僚は、「職員令」に明記されている職務を忠実に実行すること、その職務の遂行が円滑に実行されることを義務づけている。職務が円滑かつ確実に行われているか

否かを評定するための方法として上級官司（上級官人）による巡察や勤務評定などが「考課令」に規定されている。

③　そのような評定はもとより、行政処理が公平かつ的確に行われるためには、確実な方法によって意志の伝達が行われなければならないが、その一つの、そして古代社会にとってもっとも確実な方法が文書によるものであろう。中央から地方へ、あるいはその逆や、中央でも他の官司との意思の伝達などは文書に依存している。「公式令」には、そのような文書の発給・授受に関する細目が定められている。それが文書主義である。

④　文書によって意志の伝達をはかるためには、少なくともそれを可能にする知識を有する必要がある。律令法体系のなかにある「学令」によると、中央に大学が、地方には国学が設けられ、それらの課程を終了した者に対して官人への道が開かれている。官人として出身していくためには、ほかにも官人へのルートはあるが、このような教育機関は近代的官僚制にとって不可欠のもので、古代にそのような専門教育を行う機関が存在したことは注意してもよい。

⑤　官僚としての職務を全うするためには、全労働を職務遂行のために充当させる必要がある。その反対給付としての俸給によって、官僚個人のみならず、その家族もまた再生産活動を可能にさせなければならない。それが官僚の労働に対する俸給であるが、律令国

家の場合、「禄令」に、官職や位階に応じて土地や布帛《ふはく》を与えると規定している。

このようにみると、律令体制は見事なまでに官僚制の五条件を備えているようであるが、律令の規定を子細にみると、右にみた五条件はすべて均等に適用されているわけではない。たしかに律令体制を中国・唐から導入したさい、わが国の古い伝統的な支配体制を否定し、新しい先進的な国家体制の確立を目指していたと考えられよう。

律令制的支配の限界

律令体制は大化前代の氏族制下における土地・人民支配の矛盾が激化しはじめたために、その矛盾の克服と弱体化しはじめていた支配の強化を目的に畿内の大氏族たちを中心にして導入された。したがって中国の律令がそのまま継受されたのではなく、わが国の伝統的な支配体制も一部、温存された。もとより従来の支配体制が律令体制と併置されたのではなく、律令体制のなかに組み込まれており、それが日本の律令の一つの特色になっている。

たとえば律令制が成立する以前の支配体制は、各氏族一員からなる議政機関によって政策決定が行われており、律令制下の議政機関である太政官の構成をみると、当初は旧来のように一氏族一員の体制がとられていた。その点は『公卿補任』を見ることによって確認することができる。このような旧来の伝統的な支配形態はそのほかにも種々の形で律令体制のなかで合法化されている。

律令制下の官人になるためには、まず「君に事《つか》えて功を積み、然《しか》る後に爵位《しゃくい》を得て然る後に官を受ける」（官位令集解）とあるように、位階を得ることから始まる。位階を得るためには、舎人《とねり》・兵衛《ひょうえ》・帳内《ちょうない》・資人《しじん》や使部《しぶ》その他、律令官人機構の末端にあって貴人や官衙《かんが》の警護・雑事《ぞうじ》に従事する方法があり（軍防令38兵衛条、46五位子孫条、47内六位条条、48帳内条など）、多くの人たちはそれらのいずれかのルートをへて公務の一端を担い、やがて勤務成績の評定が行われて、位階を授けられる（選叙令14叙舎人史生条など）。

位階には正一位から少初位下まで五〇階に分けられているが（官位令）、一般の人々が八位の位を得ること自体容易なことではない。

位階は五位以上を勅授、六位以下内八位・外七位以上は奏授、その下の位階は判授という。官人の成績考課は毎年太政官に報告されるが、その考文は式部・兵部の二省に送られて勘校され、それにもとづいて成選の年に五位以上については太政官で等第を定めて天皇に奏し、天皇の裁定を得た後、正式に叙位される。このためこれを勅授という。奏授は各官司より式部・兵部省に集められた考文、いわゆる勤務評定書を両省が考第を定めて太政官に送る。太政官はそれをもとに授位の案を作成して天皇に奏し、裁可を得て授位される。判授は、式部・兵部両省において授位の案が作成され、太政官の審査をへて授位が確定するものである（選叙令2内外五位条）。位階の取り扱いに差があるとはいえ、位階によって均等に対処しているのは、制度的には公平の原則が貫かれている。ところで勅授のうち、三位以上を貴といい（名例律六議条）、五位以上を通貴という（名例律五位以上妾条）が、一般の人々が徐々に位階の昇進を図っても、通貴に至るまでにその生涯を終えるのが例である。

しかし通貴どころか、貴になったものもともより存在している。また中央貴族の子弟の場合、父子相次いで太政官の中枢部に昇進し、時には三位や四位に当たる高級官人、たとえば八省の長官である卿などになっているものがいる。律令官人になるために、初位という最下位の位階からスタートして、律令の規定に従って通貴や貴になることができるかといえば、まず不可能といわざるを得ない。しかし現実には、父や祖父が高位高官であったことから、父や祖父のお陰でいきなり五位や六位の位を授けられる。このような特別な待遇を受ける人を位子《いし》や蔭孫《おんそん》という（選叙令38五位以上子条）。すべての人々に平等の機会を与えるのが近代官僚制の特色であるが、律令官僚制は高位高官の人の孫や子に有利な規定を設けている。

このような有位者に対する恩典は、刑法上の特典、課役の免除などにもみられるが、なかんずく経済的特典には目を見張るものがある。詳しくは「藤原氏の経済的基盤」の章の「律令的経済基盤と藤原氏」で述べるが、位階に応じて土地や封戸《ふこ》が支給される。それを位田《いでん》・位封《いふ》といい、位封の支給を受けない者には位禄《いろく》が与えられる。また位階を得て官に就くと、その官職に応じて職田《しきでん》や職封《しきふ》が与えられる。さらに令に規定はないが、馬料《めりょう》・月料《げつりょう》・節禄《せつろく》などの名目で銭や布帛《ふはく》が支給されるようになる。また就任中の官職の相当階に応じて、季禄《きろく》も与えられるが、これらの待遇はおおむね五位以上の者が受けている。

五位と六位の者では処遇面で著しい懸隔《けんかく》がある。しかも現実に六位から五位へ昇進することは容易ではない。さらに注意を要するのは、律令の法意では徳行才用主義であったが、実際には譜代門閥《ふだいもんばつ》主義を取り入れ、伝統的な支配者を律令体制の枢要に位置づける配慮が加えられていた。前述のように伝統的な支配者、とくに畿内の有力氏族らが自らの階級的利益を確保するために律令体制を導入し、自らに有利な配慮を加えていたためである。したがって彼らは蔭位《おんい》制などを利用し、いちはやく官途につき、高位高官に昇り得たが、その子孫らもまた蔭位制によって高位高官につくことになり、高位高官は一族内で常に再生産される。しかも高位高官に至るとその官位に応じて田地等が支給されるから、田地そのものは世襲されないにしても、一族内において富もまた再生産されるのである。官僚制本来のあり方からすると、政治的地位や経済的基盤が世襲化されること等はあり得ないが、律令官僚制はそれを可能とする構造となっている。その背後には律令体制を生み出した当時の権力基盤が横たわっていたためで、これがやがて貴族制を生み出してくることになる。

貴族制の成立

律令貴族の成立

律令制の成立がただちに貴族制を生み出したのではなく、貴族制を生む基盤を形成した。すなわち律令制は、畿内の有力氏族たちが自らの政治的地位と経済的基盤を確保するためにつくりあげたが、そのことで逆に彼らが律令制によって規制を受けたのも事実である。いかに伝統的な大氏族といえども、律令官僚としての地位を確保することなしに政治機構の内部において発言権をもち得なかったのである。そこで奈良時代の中ごろ、すでに宮廷に隠然たる勢力をもっていた藤原氏を例に貴族制の成立を考えてみよう。

中臣鎌子《なかとみのかまこ》（のち藤原鎌足《ふじわらのかまたり》）の子不比等《ふひと》は大宝《たいほう》律令や養老《ようろう》律令の成立にかかわり、みずから律令を体現して政治的権力の伸張をはかり、八世紀初頭に藤原氏の地位を確立したと

図6 「藤原四家の成立」天皇と藤原氏関係系図

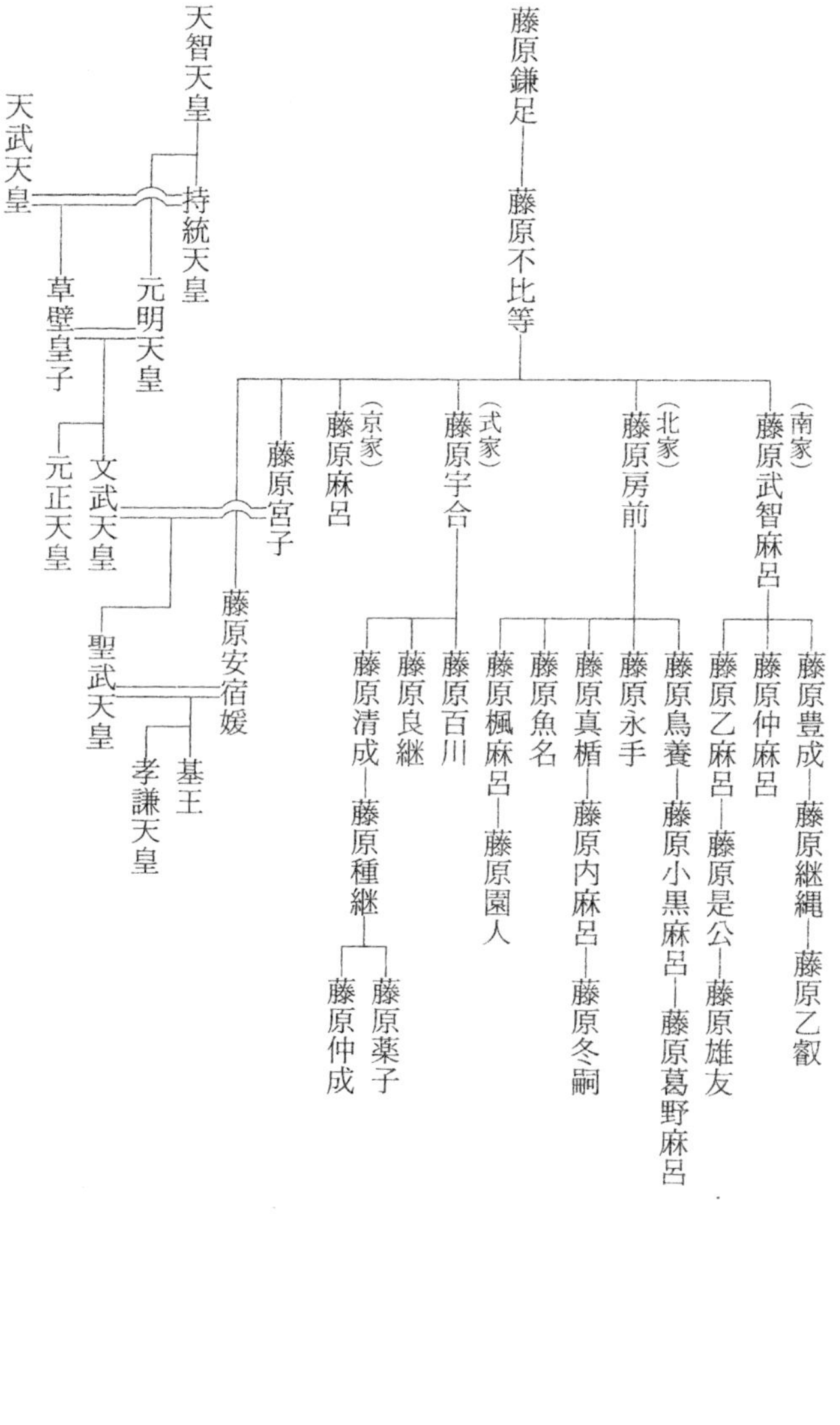

される。その不比等は養老四年（七二〇）に薨去《こうきょ》するが、四人の子供たちがいずれも政局の中心について政界をリードし、不比等の女《むすめ》宮子《みやこ》や光明子《こうみようし》は文武《もんむ》天皇夫人や聖武《しようむ》天皇の皇后となり、宮廷内にも藤原氏の勢力は確実に伸びていた。しかるに天平《てんぴよう》九年（七三七）天然痘に罹って四子が斃《たお》れると、一時藤原氏の勢力が後退する。再び藤原氏が権力をもちはじめるのは天平十五年（七四三）藤原仲麻呂《なかまろ》が参議に名を列ねてからである。

不比等の存命中における太政官の構成者について『公卿補任《くぎようぶにん》』を繙《ひもと》いてみると、大臣・納言・参議のうち同姓者は、養老元年（七一七）にはじめて藤原氏の不比等と房前《ふささき》父子が見えるまで一例もない。このことは前述したように太政官政治が大化前代以来の氏族合議制の伝統にもとづいていたからにほかならない。しかし藤原氏については、不比等が右大臣で房前が参議になる時点でこの伝統を打ち破っていることになる。なぜそれが可能になったのかについては、不比等がその四人の子をそれぞれ南・北・式・京の四家に分かち、藤原氏という氏族の代表でなく、藤原氏南家・藤原氏北家などの一員として政局に参加させようとしたからであろう。しかし四家の分割後も不比等が従来の氏族合議制の伝統に規制をうけていたのは、不比等の生存中、長子である武智麻呂《むちまろ》が従三位という高位に昇りながら太政官の構成員になれず、弟の房前が従四位下でありながら、兄よりさきに朝政に参議していたことから明白である。父不比等の死後、ようやく武智麻呂は弟房前を越えて中納言となり、のち左大臣にいたる。こうした氏族合議制の観念が存続している間は、政治は伝統的な氏族によって独占されていたが、藤原氏が不比等の四子を分かって各一家を樹てて以来、他の氏族においても少しずつ状況が変わり、天平元年（七二九）二月に、大納言多治比真人池守《たじひのまひといけもり》と権参議同県守《あがたもり》の兄弟が、また同じ時に中納言大伴旅人《おおとものたびと》とその弟が同時に廟堂《びょうどう》に列している。これから間もなく、長屋王《ながやおう》が失脚するが、藤原氏四家の分立に対抗した長屋王の政策として、多治比氏や大伴氏なども兄弟で朝政に参議するようになったのであろう。爾来《じらい》、一氏族一員という氏族制下の合議体制は崩れはじめ、家を単位に政治に参画できるようになったのである。

藤原氏が奈良朝政界のなかで一時後退しながらも、再び勢力を回復したのは、大化前代のような氏族制下におかれることなく、家として独立できるようになったことによる。それはまた、氏族制という枠のなかではなく、律令官僚として太政官機構のなかで地位を確保したからである。

なおここでもう一つ留意しておきたいのは、官位の昇進は単なる年功序列ではなく、個人の才能も無視できないし、父祖の功績もまた当時の社会では重要な要素の一つであったが、さらに位階の授与が五位以上の場合に勅授であったことは、位階が五位を越えると考課令の規定とは別に位階を授ける側の恣意もまた無視できないのであって、後宮《こうきゅう》における勢力がときに太政官機構のあり方に影響することもあった。

藤原氏の権力伸張の背後に、前述の宮子や光明子が存在しており、藤原氏四家の著しい勢力拡大や藤原仲麻呂の権力が後宮を背景としていたことは否定できない。たとえば仲麻呂の権力拡大が叔母光明皇后の援助によっていたのはよく知られているとおりで、仲麻呂が光明皇后のための皇后宮職を改めて紫微中台《しびちゅうだい》とし、太政官の行う政令発布を紫微中台を通じて行えるようにし、自らは紫微中台の長官である紫微令となっていることなどは、後宮の勢力が政治のうえで大きな発言権のあったことを示している。

律令貴族と排除の論理

しかし仲麻呂の権力拡大は、単に光明皇后をバックとするだけではなく、父祖以来の伝統が宮廷内に厳存し、仲麻呂をはじめ藤原氏の存在そのものを支えていた。かつて仲麻呂の父武智麻呂や叔父房前ら四兄弟が相ついで薨じたあと、藤原氏の勢力が一時後退した。代わって橘諸兄《たちばなのもろえ》が政権を担当し、地方豪族出身の吉備真備《きびのまきび》や僧玄昉《げんぼう》をブレーンにしたことがある。それに対し大宰少弐《だざいのしように》であった藤原広嗣《ひろつぐ》は真備と玄昉を除くように諸兄に要求し、それが聞き入れられないと反乱を起こしている。広嗣の反乱自体はいろいろと問題もあるが、彼は、地方豪族出身者である真備などが政局を左右していること、一方、彼は大宰府の官人として任地にあって真備らの政策に従わざるを得なかったことに対する不満が、広嗣反乱の根底にあったらしい。広嗣の乱について記している当時の文献の一つによると真備を指して、「辺鄙《へんぴ》の伝子、斗筲《とそう》の小人（田舎者で、度量の狭い人）」と記している（『松浦廟先祖次第幷本縁起』『群書類従』所収）。広嗣に同情的な人物の書いた文献のようであるから割引かなければならないが、真備に批判的な態度は当時の人々の考えに共通するものがあったのではあるまいか。広嗣としては、父祖以来政権を担当している藤原氏を差し置いて、地方豪族出身の真備らが政権を左右するのに耐えられなかったのであろう。そこには明確に政権担当の家といった表現は見えないが、広嗣のなかにはそのような意識があったのであろう。

なお、ついでにいえば、真備は藤原仲麻呂の台頭によって筑前守《ちくぜんのかみ》に左降され、のち大《だ》宰大弐《ざいのだいに》に補任される。爾来、彼は仲麻呂が権力掌握の間、大宰府にあって、京官（中央の官）につくことができなかった。その理由を真備は反仲麻呂派であったからとする意見もあるが、大宰府は当時の国家にとって要衝の地で大弐の任務は重く、また真備もよくその任を勤め、仲麻呂も真備の学識・能力を高く評価していたようであるから、彼が京官にならなかったのは、反仲麻呂派というよりも地方豪族出身者であったためと考えるべきである。一つには、律令国家の形成が中央の大氏族を中心にして行われ、地方は中央の支配下におかれるべきものと考えられていた。したがって地方豪族出身者が中央の高官となることに対する抵抗が仲麻呂も含め、当時の中央官人のなかにあったのであろう。さきの広嗣の乱のときの「辺鄙の伝子」という観念に通じるものである。

真備はその後、右大臣にまで昇進する。地方豪族出身者として異例の昇進をとげるが、そのきっかけは、藤原仲麻呂のライバルとなり、ついに仲麻呂を失脚させた僧道鏡《どうきょう》が政権を掌握したためである。道鏡は畿内出身で、物部《もののべ》氏に連なる弓削《ゆげ》氏の出であるが、当時、もはや物部氏でもなく、かつての雄族に連なるといった程度の出身である。したがって政界には、これといった支援勢力を持たなかったから、彼は自己の権力基盤を確立するために既成の勢力以外から人材の登用を図らざるを得なかった。真備は道鏡のおかげで京官に任用されることになり、中央で要職を占めることになったわけである。なお真備は当時の称《しょう》徳《とく》天皇が春宮《とうぐう》の時代に春宮学士として学問の師傅《しふ》であったから、天皇の信認も厚かったことであろう。真備が要職を占めたことから、政治は伝統的な中央氏族出身者が行うとする観念がなくなったなどと見るのは当たらない。道鏡の台頭という当時としては異端の政治が行われたために、一時伝統的な中央氏族出身者以外から政界に登用される者が出現しただけで、中央政界の構造や意識が変化したわけではない。道鏡の著しい台頭は称徳天皇の支持を背景にしたが、天皇が崩御すると、道鏡はたちまち権力を失墜し下野薬師寺別当に左降される。その後には再び藤原氏らを中心とする政治編成が行われている。

広嗣や仲麻呂に共通するものに、伝統的な中央氏族が政治を担当するとの意識があったと考えられる。地方豪族を中央政府の構成者としない考え方はまさに中央の氏族による排除の論理そのものであって、前述のように律令体制の成立期における中央の地方支配という観念にもよるが、中央政府は中央の大氏族たちによって構成されるべきだとの考えであるわけで、政治担当者はごく限られた範囲、たとえば執政《しっせい》の家とでもいうべきなかから選ばれるべきだとの観念が成立していたのであろう。

『日本紀略』の延暦十二年（七九三）九月丙戌《ひのえいぬ》（十日）条に見える詔《みことのり》には、

見任の大臣・良家の子孫は、三世已下を娶るを許す、但し藤原氏は、累代相い承けて摂政絶えず、此を以て論ずるに、同等とするべからず、殊に二世已下の者を娶る事を聴すべしと云々、

とある。つまりここでは現任の大臣や良家の子孫は三世の女王を娶ることを許されたが、藤原氏は累代相承して摂政が絶えないので、他と同等とせず、殊《こと》に二世已下の女王を娶ることを許されたのである。王と臣下の者の婚姻について定めたもので、令制では臣下の者は四世以上の王（女王）を娶ることは許されていなかった（継嗣令1王娶親王条）。その後、皇親の範囲が広がるにつれて、延暦十二年当時、臣下が娶ることのできる皇親は六世王（女王）以下となっていたが、ここで従来の制を大幅に改訂したわけである。この間、若干の変遷があるが、安田政彦『平安時代皇親の研究』（吉川弘文館）を参照されたい。

ところがここで藤原氏について「累代相い承けて、摂政絶えず」と述べて一般の公卿とは区別した表現になっているのは、いうまでもなく藤原氏が、代々政治を担当してきたためであって、八世紀の末にすでに「執政の家」というにふさわしいものと見なされていたのである。

奈良時代の中ごろから平安時代にかけて郡司《ぐんじ》の補任《ぶにん》基準の一つとして譜代《ふだい》という言葉が問題になる。譜代とは家柄を重視するもので、譜代郡司といえば父祖ら代々郡司に補任されている者のことである。郡司の補任にあたって、伝統的な家柄を重んじるか、能力を重視するかで、しばしば補任方針に変更があるが、譜代の観念は郡司に対してだけではなく、当時一般の社会にも存在していたものであろう。「累代相承けて、摂政絶えず」とされる藤原氏はまさに譜代の執政の家である。そのような執政の家の出身者は、蔭位の制によっていちはやく上位の位置を授けられ、高位高官に昇り、「通貴」から「貴」に昇進するが、かかる通貴を輩出する家柄が貴族と見なされるようになる。

律令貴族からの脱皮

しかし奈良朝から平安朝の初期にかけて、藤原氏が貴族と見なされようとも、なお摂関期のような貴族とは区別され、律令的官僚貴族というべき存在であった。ところが良房・基経以降、藤原氏の性格が大きく変化してくる。天皇の外戚であることが重要な要素であるが、そのほかに源氏の成立があげられる。

平安初期に天皇の皇子女が源姓を賜い臣籍に降下したが、彼らは臣籍に下った後、ただちに高位高官についている。『公卿補任』によると、天長八年（八三一）に嵯峨天皇皇子源《みなもとのまこと》信は二十二歳で参議となり、翌年には弟の常《ときわ》が二十一歳で参議をへずに中納言となり、同十年にはその弟定《さだむ》が十九歳で参議になるなど、いずれも若くして太政官政治に参画することになった。天皇の子（まさに貴種）であるがための処遇であったが、この特例が直ちに外戚である藤原氏にも及ぶのである。源定が十九歳で参議になった翌年、贈太政大臣冬嗣《ふゆつぐ》の子良房は従四位下で参議となっている。ときに三十一歳で、臣下としては大変に早い例であるが、その翌年の承和二年（八三五）に、良房は一躍上位者七人を越えて権中納言となり従三位に叙せられている。律令的官僚制下においてこうした事例がまったくなかったわけではないが、良房の異常な昇進は源氏の人たちの官位昇進の前例に従っている。良房の猶子基経も貞観六年（八六四）に従四位下で参議となったが、ときに二十九歳である。ところが彼も貞観八年良房に倣《なら》って、従三位となり、七人を越えて中納言に任ぜられている。

良房・基経と続く官位の昇進は八世紀的な、律令的な官位昇進とは異なっている。ついでに基経の子時平や忠平がわずか二十歳で参議となるにおよんで、藤原氏（とくに北家）はついに源氏の人々と同様の官位昇進を果たすようになる。伝統的な執政の家であるとともに、天皇の外戚というミウチ的関係が背後にあったわけであるが、もはやかかる官位昇進のあとをみると、藤原氏の政治参加の方式は律令法のいう「君に事《つか》えて功を積み、然る後に爵位を得、爵位を得て然る後に官位をうける」方式ではなく、「爵位を得て官を受け、然る後に君に事えて功を積む」方式に転換しているといえる。まさに「官僚」から貴族への転換であるが、その転換は良房・基経らのときに始まったのであって、このとき摂関制が創始されたのと無関係ではない。

藤原氏の経済的基盤

律令的経済基盤と藤原氏

藤原氏が平安貴族としての地位を確立していく過程を主として政治史的にみてきたので、ここでは経済的な側面から考えてみることにしよう。

さきに律令制の仕組みのなかに律令官人の貴族化の萌芽のあることを明らかにしたが、ここでもまた律令制のなかにおいて、律令官人の貴族化がどのように準備されていたのかを検討し、ついで律令体制の運営のなかで、藤原氏がいかにして貴族への道を進んでいったのかを考えることにしたい。

特権的階層に対する特典

官僚制の特質の一つに俸給支給のあったことはすでに指摘した。たとえば大化前代におけるヤマト朝廷において、行政に参加する氏族員に対し、ヤマトの王権がその行政参加に対する労働・奉仕に反対給付を行ったという史料はない。それは当時のヤマト朝廷の政治機構がまさに氏族制による支配にもとづいていたからである。しかし律令的な支配体制の形成するなかで、こうした氏族制は体制として否定され、天皇を頂点に、太政官・八省・百官といわれる行政機構がつくられ、行政の専門者が規則と職務体系に則《のっと》って効率的に行政を行うようになる。このような行政の専門者たちが、律令に規定する職務を忠実に励行しようとするためには、労働力のかなりの部分をそのために割かねばならないから、官人の職務を全うさせるために、官人のみならずその家族の再生産活動を可能にさせるための反対給付を必要とする。さきにも触れたが、律令の条文中には、官人の地位に応じた俸禄《ほうろく》の制度が規定されている。したがって官僚制的支配を実現するための条件は、この点でもいちおうは整備されているようにみえる。しかしその俸禄制度をみていくと、いくつかの問題があり、それが律令官僚制を崩壊させ、貴族制を生み出していく要因の一つであるように思われる。そこでまず令制下における俸禄の実態をみておこう。

律令制下の俸禄は、位階に応じて支給されるものと官職に対して与えられるものとに分けられる。このうち前者について、まだ職掌を伴わないがために、位階によって与えられる経済的待遇を有位者の経済的特権とみることができる。しかし、「君に仕えて功を積み、然る後に爵位を得、爵位を得て然る後に官を受ける」のが律令官人としてのあり方である。

したがって位階を得るのは官人として公事を遂行した結果であるから、官位に応じた経済的待遇を、単に特権とのみはいえないのではないかとの疑問が生ずるかもしれない。しかしその経済的待遇を受ける対象をみると、必ずしもすべての有位者にわたっておらず、位階に応じた俸禄を支給されること自体、その支給額を問題にしなくても経済的特権といわざるを得ない。

まず、位田《いでん》である。位階に応じて田地が支給されるが、養老令《ようろう》（大宝令《たいほう》も基本的に同じ）の「田令」第四条位田条（以下、田令4位田条と記す）によると、支給の対象は五位以上である。すなわち正一位は八〇町、従一位七四町、正二位六〇町、従二位五四町、正三位四〇町、従三位三四町、正四位二四町、従四位二〇町、正五位一二町、従五位八町、女子はその三分の一を減ずると令に規定されている。これを有位者の生活給とする見方もあるが、これとは別に、有位者といえども口分田《くぶんでん》を支給されており、位田は五位以上に限られているから、生活給ではなく有位者に対する特別待遇の一つである。

次に位封《いふ》である。禄令10食封条によると、位封とは位階に応じて封戸《ふこ》を給するもので、封戸は課戸《かこ》を充てる。封戸を与えられたものは給主というが、給主はその課戸の納める租の半分と調・庸・仕丁《しちょう》のすべてを収入とする。この封戸は、大化前代の豪族私有の土地・人民が国家的支配に組み変えられたとき、豪族らの土地・人民に対する既往の権利を著しく阻害しないために採用されたのに由来する。したがって大化改新詔には、その信憑性に問題はあるが、大夫以上に食封《じきふ》を支給し、その他の官人らには布帛《ふはく》を給すると規定している。

大宝令では封戸（食封のこと）を三位以上に限ったが、その後まもなく四位の者にも支給することにした。養老令の禄令10食封条によって大宝令文を復元したものによると、大宝令は養老令と同じく、正一位三〇〇〇戸（六〇〇〇戸、以下、括弧内は慶雲《けいうん》三年の改定額）、従一位二六〇〇戸（五〇〇〇戸）、正二位二〇〇〇戸（三五〇〇戸）、従二位一七〇〇戸（三〇〇〇戸）、正三位一三〇〇戸（二五〇〇戸）、従三位一〇〇〇戸（二〇〇〇戸）とある。

ところが慶雲三年（七〇六）二月二十六日に四位にも封戸を支給することにし、正四位一〇〇戸、従四位八〇戸としたことから、正一位以下従三位の封戸支給額に改定が加えられた。前掲の（）内の数字が改定額である。その後、養老令が制定され、封戸の数は大宝令制と同額に戻るが、実際には慶雲三年に改定されたまま大同三年（八〇八）に至り、その年十月に大宝令の旧制に戻している。

ところで大宝令で位封を支給されない四位および五位の者に対しては位禄《いろく》を支給すると定めているが、改新詔に大夫以下の官人に布帛を支給するとしたごとく、絁《あしぎぬ》・綿・布・庸布が支給されている。しかし慶雲三年に四位にも封戸が給されるようになったため、位禄支給は五位のみとなった。

以上は五位以上の有位者に限られているが、官職について上半期のうち一二〇日以上上日のものには季禄が支給される（禄令1給季禄条、2季禄条、3内舎人条など）。これは位階を有する者すべてが対象になるように見えるが、実はその有する位階によってではなく、その者が就いている官職の相当位に対して支給されるものであるから、位階に対する待遇というよりも官職に応じた俸禄と考えるべきものである。支給の内容は、春の二月と秋の八月の二度、秋冬と春夏の勤務日数を勘《かんが》えて支給するもので、絁・綿・布・鍬である。

官職に応じた俸禄として職田《しきでん》特別手当がある。令制によると、太政大臣に四〇町、左右大臣は三〇町、大納言に二〇町を支給すると規定したほかは、すべて地方官で大宰府・国庁・郡庁に勤務する官人のみである。郡庁に勤務する郡司には俸禄、在外諸司に勤務する中央派遣の官人には勤務の特殊性を考慮した勤務地手当の性格もあるが、大納言以上の場合（田令5職分田条、31在外諸司職令田条、32郡司職分田条）は、その任務の重要性を考慮した特別手当であろうか。

また職封《しきふ》がある。位封に類するが、官職に応じて支給される封戸である。大宝令では太政大臣三〇〇〇戸、左右大臣二〇〇〇戸、大納言八〇〇戸で、他には支給されない（禄令10職封条）。その後、慶雲二年（七〇五）四月丙寅（十七日）、中納言が設置されると二〇〇戸（『延喜式《えんぎしき》』には四〇〇戸）、参議には八〇戸（『延喜式』）が支給されることとなった。これも任務の重要性を考慮した特別手当であろう。

このほか、官職に応じた俸禄は令文中に見えないが、大宝令制定後に馬料・月料・節禄などが支給されている。

馬料は季禄の如く春秋に上日を計って支給するもので、一位から八位の相当官の者が対象となる。支給されるものは『延喜式』によると銭である。

月料の起源は定かではないが、親王・後宮をはじめ大臣以下京官の下級官人に至るすべての官人に毎月米や塩などを支給するもので、生活給といえる。

節禄は、正月の元日・七日・十六日および五月七日、七月七日、九月九日、十一月十一日の年七度の節会の日に、大臣以下の職事官や五位以下の有位者ならびに節会参加の六位以下の官人に絁・布・綿などを支給するもので賞与の性格がある。

以上、なんらかの形で中央政府より支給されるものを概観したが、右にみたように位階・官職に分かれて俸禄が支給されているうち、とくに注意を要するのは、俸禄支給をうける者が五位を境にして大きな隔たりのあること、さらに職田・職封が大納言以上であること、大納言の官位相当階が正三位であるから、ごく限られた者のみが非常に有利な経済的特典を受けていることである。

ところで前に太政官の構成員について氏族合議制の伝統を引くと述べたが、位田・位封や職田・職封などが高位高官者に限られていること、食封の採用が大化前代の私的土地人民支配の否定に対する補償といった一面をもっていたことなど考えあわせると、俸禄、つまり労働に対する反対給付という側面を越えて、特権的階層の経済的基盤を確保しようとする政治的性格をもつ処遇と考えられる。実際これらの俸禄を得ることができるのは、『公卿補任』にその名をみせた者たちであって、律令体制の形成・確立に貢献したと自負していた者たちである。

したがって律令官僚制が近代的な官僚制と同様に俸禄制を採用し、労働に対する反対給付を規定しているとはいえ、そこには一部の特権的階層に有利になるような配慮が加えられている点に留意しなければならない。これが俸禄制を媒体に貴族化が行われる第一の要件といえる。

土地を媒介とする特典

第二に、注目されるのは、右の俸禄のうち位田・位封・職田・職封など特権的階層のみを対象とするものが、いずれも土地を媒介としているということである。とくに位田・職田は土地そのものを与えられる。俸禄として土地を支給されることは、たとえその地が将来還公されるものであっても、土地を支給された者とその土地の耕作者との間に生ずるであろう私的人的関係は、律令国家の意図していた一元的土地人民支配を否定しかねない。

その点を考慮したためか、位田の支給にあたっては、支給地を二分して一分を畿内に、一分を外国に与え、また一〇町以上は一処にまとめないとし、職田もそれに準拠している(『延喜民部式』)。しかしそれにもかかわらず位田は一身の間その用益を認められることから、位田に対する私的所有の観念は成立しやすく、現に藤原永手《ながて》の位田が四天王寺に施入されたり、時代は下るが平安末期の仁平《にんぴょう》四年(一一五四)に、関白藤原忠通《ただみち》の子正三位藤原基実《もとざね》の位田を忠通の祖母藤原師実《もろざね》の室麗子《れいし》の位田二〇町をもって支給された例もある。位田は本来国家より一身の間本人に給され、薨卒後は直ちに収公すると規定しながら(神亀三年〈七二六〉には死後六年間は収公しないとし、さすがに宝亀九年〈七七八〉には死後一年に限って収公しないと改めたが)、現実に位田の私有化が進行しているのである。俸禄として土地を与えることが、被給者に土地に対する権利を生じさせ、俸禄本来の性格を否定することになり、一方、俸禄とは別の性格をもつ土地所有を生じさせることになる。

したがって律令俸禄制のなかにおける特権的な待遇は、経済的基盤を世襲化させることになり、富の不平等な分配、偏在化を生じさせ、一部の特権的階級とそれ以外の者との間に経済のみならず、社会的身分においても懸隔が生じ、それがまた政治的身分に反映し、特権的階級の固定化、貴族の成立をもたらすのである。

藤原氏と土地

律令的経済基盤と藤原氏

十一世紀の前半に右大臣藤原実資《さねすけ》はその日記に、「天下の地、悉《ことごと》く一の家の領となり、公地は立錐《りっすい》の地も無き歟《か》、悲しむべきの世なり」と記している（『小右記《しょうゆうき》』万寿二年〈一〇二五〉七月十一日条）。一の家とは摂《せっ》関家《かんけ》のことで、当時藤原道長は政界を退いているが、その子頼通《よりみち》が関白左大臣に就いていた。その摂関家に天下の荘園が寄進され、国家の所有すべき地は錐《きり》を立てる隙間もない有様であると嘆いての一文であるが、もとよりこれは比喩であるにしても、かなりの土地が摂関家に集中していたのは確かであろう。

ところでこのような荘園は寄進地系荘園といわれるものであるが、これらが藤原氏、とくに摂関家の大きな財源の一つであった。しかしこのような寄進地系荘園の成立する以前、すでに藤原氏は膨大な経済的基盤を確立していた。

その一つは前節に述べた律令的俸禄である。竹内理三は藤原氏に与えられた経済的基盤として、藤原氏のうち左右大臣となって政権を担当した者の多いのに着目し、左右大臣の場合にどれだけの経済的利益を得るかを計算している。計算の基盤になったのは、職田《しきでん》・位田《いでん》・職封《しきふ》・位封《いふ》であるが、その合計額は現在の米穀量に換算して五〇〇〇〜六〇〇〇石という。当時班田《はんでん》農民一戸当たり口分田《くぶんでん》収入が（仮に一戸平均一五人とし、男女の比率を同等とした場合、口分田は二町余りであるから）今量の約二石であるのに対比すると、いかに厖大な収入が左右大臣の手許にもたらされていたかがわかる。

藤原氏が常に左右大臣であったわけではないが、奈良時代七〇年を通して五〇年近く藤原氏の誰かが左右大臣または太保《たいほ》（太政大臣）の地位にあり、平安時代になると、その傾向はますます強化されるから、その地位に付して与えられた俸禄は蓄積されて、藤原氏の経済的基盤を確立した。

このほかに、藤原氏は大化改新の功労者であったとの理由で中臣鎌子《なかとみのかまこ》（藤原鎌足《かまたり》）は一万五〇〇〇戸の封戸（功封）を与えられて子孫に伝えさせ、その子不比等も律令体制の確立者として功封五〇〇〇戸を支給された。このうち不比等は固辞して二〇〇〇戸としたが、一〇〇〇戸は永世功として子孫に伝えさせた。その後、この功封は返却・追賜などがあったが、平安初期に全額返却するまで、実に一万数千戸の封戸が伝領されていた。鎌足に与えられた封戸一万五〇〇〇戸といえば、『律書残篇《りつしょざんぺん》』によると、一国平均の戸数が五〇〇〇～六〇〇〇戸であるから三ヵ国分を占めていたことになるが、これが藤原氏の経済的基盤の最たるもので、他の官人らのとうてい及ばぬものであった。

藤原氏以外にも、律令的俸禄や功封などを得て経済的基盤を確立していた氏族もいたが、八世紀中ば以降、私的土地所有が半ば公認されると、つまり荘園を形成して、さらに富の蓄積をはかるものも少なくなかった。八世紀前半の太政官符に、調や庸などの律令的負担の重圧に耐えられなくなった班田農民たちが本貫《ほんがん》を逃れて、王臣勢家《おうしんせいか》の許に匿《かく》まわれているると指摘し、その不正摘発を求めている格がある。王臣勢家が逃亡する班田農民を匿まっているのは、彼らを田地の耕作に従事させられるからである。それらの農民が、国家より与えられた俸禄の位田や職田の耕作に充てられたことも考えられるが、それ以上に国司に申請したり、あるいは不正な手段によって土地を開発した王臣勢家が、引き続きその開発田の耕作に彼らを充てることもあったのであろう。

藤原氏の墾田所有

養老七年（七二三）に三世一《さんぜ》身法《いっしんのほう》が制定され、ついで天平十五年（七四三）に墾田《こんでん》永代私有法が発布されたのは、在地において進行する私的土地所有を抑制することができなかったからである。その後この法令は一時禁止されるが、宝亀《ほうき》三年（七七二）に解禁されると、ますます荘園の所有は拡大していった。

ところで天平十五年の墾田永代私有法の発布にあたり、無制限に墾田所有が認められたわけではない。『続日本紀《しよくにほんぎ》』によると、一位に五〇〇町、二位四〇〇町、以下位階の下るにつれて墾田所有額も減少するが、五位一〇〇町、六位～八位五〇町、初位一〇町、大領・少領は三〇町、主政・主帳は一〇町を限度としている。したがってこの範囲内で墾田所有が認められることになった。

しかし墾田永代私有法の発布にあたり、注意したいのは、第一に、前述のように私的土地所有が盛んになりつつある状況を否定するのではなく、制限付きであれ墾田永代私有法を制定した点である。律令国家はすべての土地を所有するとの方針、つまり土地国有制を、自ら放棄したことで土地政策に大きな転換を迎えたのである。

第二に、天平十五年のこの格《きやく》は『続日本紀』のほかに、『類聚三代格《るいじゆさんだいきやく》』にも収められているが、後者には前者にみえた墾田地の所有制限の規定が存在していないことが注意される。『続日本紀』と『類聚三代格』の両者に収められている同年月日の格を仔細にみると、前者にあって後者にないものがある。その理由について、かつて吉田孝は、天平十五年に意味を持っていたものが、その後に意味を持たなくなったために削除されたからだとされている。この問題は史料の取扱い上重要であるから、もう少し具体的にみておこう。

現在『類聚三代格』に収められている格は、弘仁《こうにん》・貞観《じょうがん》・延喜《えんぎ》の各時代に編纂されたものを類聚したものである。したがって当面の天平十五年格は弘仁格の編纂時に収録されたのであるが、格の編纂にあたって「若し屢々改張ありて向背各々異ならば、前を略し後を存し、以って重出を省く」（弘仁格式序）の方針に従い、何度か繰り返し出されている格の場合は、前後に矛盾があれば後格をとり、編纂時すでに無効のものは削除することになっていた。その方針に沿って天平十五年格は、弘仁格の編纂のさいに無効の部分が削除され、有効な部分のみが収録されていたわけである。したがって天平十五年の墾田制限額が弘仁格の編纂時に削除されているから、なぜこれが無効になっていたのか、いつ無効になったのかが問題となる。墾田制限額が無効になった時期について確かなことはいえないが、無効となった意味は、実際にその制限を越えた墾田所有が現実に各地において行われていたからであろう。

正倉院文書によると、東大寺に対し一〇〇町歩の土地を寄進した地方豪族の名が二名みえる（天平宝字元年四月二十日に品遅部公広耳《ほむちべのきみひろみみ》は土地一〇〇町歩を、神護景雲元年三月二十日に砺波臣志留志《となみのおみしるし》は墾田一〇〇町を東大寺に施入）。また銭一〇〇〇貫を寄進した豪族は数限りなくおり、米を一〇〇〇石から三〇〇〇石も寄進した豪族も少なくない（拙著『郡司の研究』財物貢献者一覧表）。実際にはそれ以上の人が制限を越えて墾田所有を行っていたことであろう。地方豪族だけでなく中央の官人らのなかにも制限を越えた土地所有を行っていたものは少なくないと思われるから、現実に機能しない法を削除するのに問題はなかったのであろう。かくしてますます中央地方を問わず王臣勢家と呼ばれる人々によって、私的土地所有は盛んに行われていった。奈良時代の東大寺荘園絵図を見ると、中央貴族の墾田であることがわかる書き込みがある。

貞観八年（八六六）に応天門に放火し、朝野を震駭《しんがい》させた伴善男《とものよしお》の資財・田宅が没官されたが、のちそれらの処分が行われている。それによると、伊勢国に所在の墾田八〇町余が造京城道橋料に、山城国葛野《かどの》郡上林郷の三町二段五〇歩が天安寺に、また越前国加賀郡の一〇〇町余が穀倉院および造道橋料に充てられたとある。このほかにも善男は、諸国に墾田を所有していたようであるが、記録に残っているだけでも二〇〇町に近い墾田をもっていたのである（『三代実録』貞観十七年十一月十五日、十二月十五日、元慶三年四月七日の各条、三善清行「意見封事十二ヶ条」）。

竹内理三編『平安遺文』を見ると、墾田の売買券文や寺家への施入状などが多数収められている。そこには数段から数十町に至る土地売買などが行われている有様が伝えられている。このように天平十五年格以来進行していった私的土地所有は、やがて墾田所有の制限を現実に撤廃させたのである。

平安時代初期に至って律令国家の財政は、造都や軍事等による支出過多、調庸の粗悪や違期・未進などによってしだいに財源確保が困難になりつつあり、経済は急速に冷え始めている。このため官人らに対する俸禄支給にも不便が生じているようである。これもすでに触れたが皇族の臣籍降下（源姓賜与）などは財政難に対処するものとして考案されたようである。さらに朝廷は勅旨田《ちょくしでん》や親王賜田《しでん》を設置し、財源不足に対応しようとした。

このように私的土地所有が盛行するなかで、藤原氏の場合はどうであったか。

竹内によると、養老七年（七二三）・天平十五年（七四三）・宝亀三年（七七二）と私的土地所有の形成の節目となる法令発布のさいは、藤原氏出身の大臣が没して、他の氏族のものが大臣になったときで、これらの法令の修正が藤原氏出身の大臣によって行われているという。事実関係において、なお若干の検討を必要とするが、もしもそのようなことであるならば、藤原氏は私的土地所有を推進するのではなく、律令の根本方針に反する私的土地所有について、むしろ抑制する立場であったことになる。単純な図式化は誤解を生じやすいので慎重に検討する必要があるが、たしかに藤原氏の土地所有を抑制する方針はその後も一貫して行われており、いわゆる延喜の荘園整理令に至ったといえそうである。

延喜の荘園整理令についても、別に検討を必要とするが、藤原氏が私的土地所有を抑止するかのごとき官符を出していることは事実である。ただし若干、留意しておかなくてはならないのは、藤原氏が私的土地所有を行わなかったのではなく、藤原氏以外の王臣勢家（藤原氏でも本宗家以外）の私的土地所有に規制を加えるのが目的で、たとえばそれらの王臣勢家が私的土地所有を進めるさいに生ずる弊害（たとえば民要地を妨害）を防ぐために出された官符である。西別府元日の賜田に関する研究によると、親王賜田の形成とその運営に、親王の外戚である藤原氏の存在を見逃せないという。名目は親王賜田として成立しながら、外戚である藤原氏がその経営にあたっているとすれば、合法的な藤原氏の土地所有ということができよう。

本節のはじめに述べた摂関家に対する右大臣藤原実資の批判には誇張した部分があったとしても、藤原氏の私的土地所有は天平十五年以来一貫して行われ続け、その結果が実資の慨嘆するところとなったのである。なおついでに言えば、その実資自身は父太政大臣関白藤原実頼の荘園をことごとく伝領しており、宏大な邸宅は小野宮邸と呼ばれていた。

少し時代を下りすぎたが、藤原氏もまた私的土地所有を進めながら経済的基盤の確立を図ったのである。律令制にもとづく俸禄が確実に支給されている間は問題ないが、国家自体の財政基盤に危機が訪れると、藤原氏といえども俸禄の受給に支障が生じてくる。したがってそれに代わるべきものとして荘園の拡大が図られたことは間違いない。ただ誤解されると困るが、八・九世紀における荘園と十世紀以降の荘園、つまり前述の墾田永代私有法制定当時の荘園と延喜の荘園整理令以降の藤原頼通や実資の荘園とは必ずしも同様ではない。荘園の管理・経営や分布にも相違があるが、そのような変化を承知したうえで、しかし藤原氏の財政的基盤が荘園に依存していたのはいうまでもない。

執政の家

執政者の自覚

藤原良房《よしふさ》・基経《もとつね》のときに至って、彼らの官位昇進のあり方が律令官人の一般的な昇進の仕方と異なり始めたことはすでに述べた。彼らの官位昇進方法が、源氏の人々に類した扱いをうけるようになったためである。天皇の皇子たちが臣籍に降り、臣下として律令の官人機構に組み込まれたが、貴種である源氏と他の氏族との間におのずから相違が生じ、源氏の人たちは若年にして高位高官に昇ったのである。藤原氏はその例に倣《なら》ったわけであるが、それが可能になったのは、いうまでもなく藤原氏については、「累代相い承けて、摂政絶えず」と言われたごとく、始祖鎌足《かまたり》以来培ってきた「執政《しっせい》の家」としての実績と、それによって結ばれた天皇との外戚《がいせき》関係にもとづいている。このようにして藤原氏は律令官人というよりも、貴族というのにふさわしい存在になったのであるが、貴族となった藤原氏が、古代社会のなかでいかなる意味をもっていたかを考えることにしよう。

史書の撰修と藤原氏

大化前代以来の氏族合議制による伝統は、律令体制のなかにも実質的な形で組みこまれていた。しかしその体制は藤原氏によって崩され、新しい政治的支配体制が形成されていったのである。律令制的支配体制の成立にあたり、伝統的な支配体制の否定を目指しながら、一面ではかかる支配体制との妥協を行わねばならなかったところに律令制的体制の弱さがあったが、ともかく藤原氏は不比等《ふひと》のころから、少しずつ律令制を活用し、ついに伝統的支配体制に大きな楔《くさび》を打ち込むのに成功したのである。そのようなこともあって藤原氏が律令的氏族といわれることもあるが、爾《じ》来《らい》、藤原氏は、律令を片手に政治・社会のなかで指導的活躍を行うのである。

藤原基経の阿衡《あこう》の紛議については前に記したが、基経に対して関白の詔書が下され、これに対して基経は辞退する上表文を提出した。そこで当時の宇多《うだ》天皇は勅答を下してその辞表を却下したが、その勅答文のなかに、基経を「社稷《しゃしょく》の臣、朕の臣に非ず」と記している。基経にかぎらず藤原氏は累代国政に与ってきたのであって、天皇個人のために勤仕してきたのではなかったというわけである。実際そのような意識は藤原氏のなかには代々存在していたように思われる。その一つの例を歴史書の編纂に求めることができる。

『日本書紀』以下の六国史《りっこくし》の撰修については、前に若干触れたが、六国史全般にわたって、撰者と撰修の発議や意図について触れることができなかったので、補足的に述べておきたい（表1参照、本書12ページ）。

六国史の撰修の発議について、虎尾俊哉の研究によると、藤原氏の役割がかなり強いようである。まず『日本書紀』であるが、現在、正史等によって確実にその撰修者名が判明するのは舎人《とねり》親王・紀清人《きのきよひと》・三宅藤麻呂《みやけのふじまろ》の三名であるが、『日本書紀』の撰修・撰上時に右大臣であった藤原不比等《ふひと》が、これに関与しなかったということは考え難い。しかしこれについては確証に乏しいから、可能性があるというだけにとどめておこう。

次に『続日本紀』であるが、その撰修過程に問題のあることはすでに述べておいたので繰り返さない。ここでは『続日本紀』の編集がいつ、だれによって開始されたかを見ることにするが、まず最初は淳仁《じゅんにん》朝に藤原仲麻呂の発議で開始されている。その後、第二期の撰修が光仁《こうにん》朝に開始されたが、その中心になったのは、かつて仲麻呂とともに撰修を行っていた石川年足《いしかわのとしたり》の子名足《なたり》である。名足は父の業をついで正史の撰修を進めたのである。第三期は藤原継縄《つぐただ》が主宰したが業半ばで薨《こう》じたために未完となり、第四期になって、第三期より撰修に参画していた菅野真道《すがののまみち》を中心に撰修を進め、ついに完成をみるや真道の名で撰上された。このように四段階をへて撰修された『続日本紀』は、まず仲麻呂によって発議されたことが注意されよう。

『日本後紀』は弘仁十年（八一九）に撰修の下命があるが、当時、台閣《たいかく》の首座にあったのは大納言ながら藤原冬嗣《ふゆつぐ》であった。前年十二月に右大臣藤原園人《そのひと》が薨じたあと、藤原氏は冬嗣が氏長者《うじのちょうじゃ》となり、官界においても第一人者となって執政にあたることとなったが、その次の年に『日本後紀』の撰修下命があったのである。

『続日本後紀《しょくにほんこうき》』の撰修は、斉衡《さいこう》元年（八五四）六月に左大臣源常《ときわ》が薨じ、右大臣藤原良房が名実ともに官界の第一人者となったときより開始されている。『日本文徳《もんとく》天皇実録』は、撰修下命を貞観十三年（八七一）とする説、十五年とする説の二つに分かれるが、後者の可能性が高いともいわれており、そうだとすると、『続日本後紀』の撰修者良房が貞観十四年に薨じたあと、猶子《ゆうし》基経が右大臣となり、藤原氏中、官位第一人者となった翌年に、撰修下命があったことになる。

以上の例を見ていると、藤原氏北家の嫡承者が、氏長者として、また官界第一人者となってまもなくに史書撰修の下命があったことになるのであるが、視点を異にすると、藤原氏長者で官界第一人者となったときに史書撰修を発議したといえる。

さらに『日本三代実録』の撰修についても、たとえば坂本太郎は藤原氏の関与を指摘する。ところが虎尾は、宇多天皇の信任厚い菅原道真《すがわらのみちざね》に編修の下命があったとし、藤原氏北家の嫡流、当時は藤原時平《ときひら》であるが、彼は当初積極的に参加していないとされた。たしかに虎尾の指摘のように、このときの史書編修は宇多天皇の主導によって開始されたようである。その点では、少なくとも前三史書とは趣きを異にするが、撰上されたのは菅原道真の左遷後で、それは藤原時平によって行われており、虎尾によると、時平は「道真の左遷後、自らの名によってこの第六の国史『日本三代実録』を撰上し、漸く父祖の伝統を保つことに成功した」ことになるのである。しかしこのような虎尾説に対し、井上薫は、すでに史書の編纂は藤原氏の北家嫡承者が発議するというルールがあることや菅原道真には『類聚国史《るいじゅこくし》』の編纂を下命しているから、若輩なるがゆえに、修史の大事業を執行することで政界でのリーダーシップをとろうとしていたのではないかとされる。

いまいずれの説に依るべきか、保留しておきたいが、国史の編修に藤原氏が深くかかわっているのは、藤原鎌足、不比等以来の伝統によるのかもしれない。

このように六国史の撰修が藤原氏の深くかかわるところで進められたとはいえ、もとより史書の撰修が、藤原氏の功績を称えるために行われるべきものではない。いずれの史書にも、国家の大事や制度・典礼をはじめ天皇・朝廷の出来事、官位の昇進、身分秩序を盛りこむのも可能であるが、とくに六国史は右の諸事項を天皇の事蹟を中心にして書かれている。中国の史書編纂は王朝が交替したのちに先王朝の歴史が編まれているが、そのもとになったのは、皇帝在世中、皇帝の近辺にあって言行を記している起居注《ききょちゅう》をもとに、皇帝の没後に編纂された実録である。日本の史書撰書も中国の例に倣《なら》っているところがあるが、日本の史書編修に王朝の断絶という事情は考えられないから、史書撰修の背景が問題になる。坂本以下の人々は、それを藤原氏と関連づけたわけであるが、藤原氏の氏長者が官界第一人者となったとき、史書撰修に深くかかわっているのは、「執政の家」藤原氏としてはまことにふさわしい行為であったのではあるまいか。

格式の編纂

もう一つ別の点からみておこう。史書と並んで古代国家のなかで重要な編纂物に『弘仁格式《こうにんきゃくしき》』『貞観《じょうがん》格式』『延喜《えんぎ》格式』がある。格とは、律および令の規定を改廃したり補充するもの、式は律令や格の施行細則である。このような格や式は大宝令の施行後そのつど発布されたが、単行法令として出された格や式を集成し、現実に有効な法令のみを集めて社会に適応させるために格式の整理が行われた。そのうち前記の三代の格式は律令国家がひとつの曲がり角にさしかかってきたときに編纂されており、とくに注目される。

まず『弘仁格式』の編纂であるが、その時期には問題もあるが、最初は延暦二十二年（八〇三）ごろである。その後、本事業は中断し、弘仁年間（八一〇〜八一八）に再開されるが、そのとき台閣の中心にあったのは藤原内麻呂《うちまろ》、ついで同園人や同葛野麻呂《かどのまろ》らであり、編纂の命が下ったのは藤原冬嗣・同葛野麻呂であった。これらは弘仁十一年（八二〇）に編纂を了え、編纂後直ちに上奏されたが施行されず、その後も修訂作業が進められ、承和七年（八四〇）に施行された。ときに左大臣は藤原緒嗣《おつぐ》であった。

ついで編纂されたのは『貞観格式』であるが、『弘仁格式』と同様に格と式の編纂が同時に進められている。その開始時期は定かではないが、格式の編纂を行った「撰格式所」が貞観五年（八六三）に存在しているから、それ以前であるのは明らかである。それから六年後の貞観十一年に貞観格がつくられ、同十三年に貞観式が作成されたが、ときの台閣の首座はいうまでもなく藤原良房であった。

以上、弘仁・貞観両格式の編纂について、編纂の開始と撰上の時期の台閣の首座を藤原氏と述べた。ところで格式の編纂は律令の補訂の意味をもっている。周知のとおり大宝・養老両律令の編纂責任者は藤原不比等で、これら格式の編纂が藤原氏が台閣の首座にあるときに行われていること、しかも前に見た史書の撰上と格式の撰上がほとんど同時期に行われていることに注意しておきたい。もっとも格式の実際上の編纂者は藤原氏以外にその名を求めることができる。しかし藤原氏が台閣の首座にいるとき、これらが撰上されていることは、その首座にいる藤原氏中、官位第一の人が編纂委員長として統括する立場にあること、また編纂委員のなかに藤原氏の名を見出せるが、これらから判断すると、格式の編纂に対する藤原氏の態度を窺うことができよう。そしてそれは延喜格式の編纂によって、さらに確認できる。

延喜格式は従前の弘仁・貞観の両格式以降の格式を編纂すること、貞観式の場合は以前に編纂した弘仁式と併用して用いていたので不便があったため、弘仁・貞観の両式の併用を止め、延喜式として一本にまとめることなどを目的に編纂された。この目的に沿って、延喜五年（九〇五）に左大臣藤原時平に延喜格式の編纂下命があった。この編纂の発議が誰か直ちに決められないが、この少し前に時平によって『三代実録』の撰上が行われているること、また時平が延喜九年に薨去すると延喜式の編纂が中断していることからみて、藤原時平を延喜格式の編纂発議者と考えられる。さらに時平の薨去で中断した延喜式の編纂が時平の弟忠平によって再開されている点もあわせて考慮してもよいと思う。なお延喜格は時平の在世中、延喜七年（九〇七）に完成、翌年施行されているが、延喜式は延長五年（九二七）に奏上された。それから四〇年をへた康保《こうほう》四年（九六七）に至ってようやく施行されている。その間の事情は必ずしも明らかでないが、引き続き修訂作業が行われていたのであろう。そしてこの修訂作業を推進したのが藤原在衡《ありひら》で、施行されたときの台閣の首座は忠平の子実頼《さねより》であった。

しかし別の視点から見ると、延喜式の編纂に醍醐《だいご》天皇の並々ならぬ情熱を窺うこともできる。東山御文庫《ひがしやまごぶんこ》蔵の「延喜式覆奏短尺草《ふくそうたんざくそう》」によると、延喜式の条文の一部に醍醐天皇自ら筆を加え訂正していることが判明している。忠平らの式文案に対し、天皇が改定案を提示しているところがあり、延喜式の編纂に天皇が中心的役割を果たしていたと考えられよう。とすると忠平の延喜式編纂に対する姿勢を改めて検討しなくてはならないが、忠平が延喜式の編纂再開を行って以降、彼もまたその完成にかなりの情熱をそそいでいる様子が忠平の日記『貞信公記抄《ていしんこうき》』によって窺える。忠平としては、兄時平の死で中断した本事業の再開完成に、藤原氏の長者という立場からも意欲的であったのであろう。

右に史書撰修と格式の編纂を例にして、藤原氏が執政の家として、それにふさわしい活躍をしていることを述べた。ここでもう一度視点を改めて『日記』と藤原氏との関係を考えてみることにしよう。

日記の時代

私日記の盛行

日記は個人の日常生活の記録であり、個人の備忘として記されるもので、私的記録である。しかしそれらのなかには、朝廷内部の事情や行事の実際、政治の問題などさまざまな公的事項も記録されており、私たちが古代史（近・現代史でも同じであるが）を考えるうえで不可欠な文献である。まず平安時代における代表的な日記を整理しておこう。

表2に掲出したものは、いわゆる私日記といわれるもので、日記には公日記・職掌日記と称されるものもある。そもそも日記とは日々に記すものが日記で、とくに日記にスタイルがあるわけではなかった。文献上もっとも古いものとしては、すでに『日本書紀』に引く「伊吉連博徳《いきのむらじはかとこ》日記」「難波吉士《なにわのきし》男人書《おひとのしょ》」また『釈日本紀《しゃくにほんぎ》』所引の「安斗智徳日記《あとのちとこのにっき》」や

表2　平安時代主要古記録一覧

記名	異称	記主	現存始終年次	所収刊本
貞信公記		藤原忠平	延喜七(九〇七)—天暦二(九四八)	『大日本古記録』
吏部王記		重明親王	延喜二〇(九二〇)—天暦七(九五三)	『史料拾遺』『史料纂集』
九暦	九条殿記	藤原師輔	延喜一五(九一五)—天徳四(九六〇)	『大日本古記録』
小右記	野府記	藤原実資	天元元(九七八)—長元五(一〇三二)	『大日本古記録』『史料大成』
権記		藤原行成	正暦二(九九一)—寛仁元(一〇一七)	『史料大成』『史料纂集』(刊行中)
御堂関白記	法成寺摂政記	藤原道長	長徳四(九九八)—治安元(一〇二一)	『大日本古記録』
左経記	糸束記	源経頼	寛弘六(一〇〇九)—長元九(一〇三六)	『史料大成』
春記	野房記	藤原資房	万寿三(一〇二六)—天喜二(一〇五四)	『史料大成』
水左記	土(左)記	源俊房	康平五(一〇六二)—天仁元(一一〇八)	『史料大成』
師記	都記	源経信	治暦元(一〇六五)—寛治二(一〇八八)	『史料大成』
為房卿記	大(府)記	藤原為房	延久二(一〇七〇)—永久二(一一一四)	未刊
後二条師通記	後二条関白記	藤原師通	永保三(一〇八三)—康和元(一〇九九)	『大日本古記録』

中右記	愚林	藤原宗忠	応徳三（一〇八六）―保延四（一一三八）	『史料大成』『大日本古記録』（刊行中）
長秋記	水日記	源師時	寛治元（一〇八七）―保延二（一一三六）	『史料大成』
殿暦	知足院関白記	藤原忠実	承徳二（一〇九八）―元永元（一一一八）	『大日本古記録』
永昌記		藤原為隆	康和元（一〇九九）―大治四（一一二九）	『史料大成』
兵範記	人車記	平信範	天承元（一一三一）―元暦元（一一八四）	『史料大成』
台記	宇槐記 宇佐記	藤原頼長	保延二（一一三六）―久寿二（一一五五）	『史料大観』『増補史料大成』『史料纂集』（刊行中）
山槐記		藤原忠親	久安六（一一五〇）―建久五（一一九四）	『史料大成』
玉葉	玉海 月輪関白記	九条兼実	長寛二（一一六四）―建仁三（一二〇三）	『国書刊行会本』『図書寮叢刊』（刊行中）
愚昧記		三条実房	仁安元（一一六六）―建久六（一一九五）	未刊
吉記		吉田経房	仁安元（一一六六）―文治四（一一八八）	『史料大成』
明月記		藤原定家	治承四（一一八〇）―嘉禎元（一二三五）	『国書刊行会本』『史料纂集』（刊行中）

注　『史料大成』と記したものは、すべて『増補史料大成』に再録されている。

「調連淡海日記《つきのむらじおうみにっき》」などがある。これらは奈良時代以前の日記であるが、入唐《にっとう》記録や壬申《じんしん》の乱関係の記録で、いわば事件の経過報告のようなものである。また奈良時代に入っても正倉院文書のなかに「天平年間写経生日記」があり、奈良時代から平安時代にかけて事件の経過や事件の調査、関係者の尋問などについても日記と呼ばれるものがある。それらについて、かつて「日次記に非ざる日記について」（高橋隆三先生古稀記念会編『古記録の研究』続群書類従完成会）で取り上げておいた。詳しくは同論文を参照していただきたい。そこでここでは平安時代の私日記に限って取り上げるが、実は平安時代初めには『八条式部卿私記（本康親王日記）』や『橘広相記《たちばなのひろみ》』『紀長谷雄記《きのはせお》』などの日記が記されていたことが、断片ながら伝えられている逸文から窺える。したがって表2の冒頭にみえる『貞信公記《ていしんこうき》』以前からすでに日記がつくられていたのである。

しかし私日記が続出するようになるのは、表には省略したが、『貞信公記』の直前に書かれていた宇多天皇の『寛平御記《かんぴょうぎょき》』以降である。『寛平御記』以前の日記が断簡でしか伝えられていないから、あたかも「日記の時代」は、ここにはじめて開かれたようにみえるだけだと思われがちであるが、『寛平御記』以降の日記の盛行の様子をみると、やはり新たな時代の幕開けといった感じは否めない。そのような感じを抱かせるもう一つの理由として、実は宇多天皇の治世が始まるまでのところで六国史《りっこくし》が終了し、その後、正式な史書が完成しなかったこともあるようである。しかし六国史の最終書である『三代実録』の撰修後に、正史撰修の動きがあり、その準備も進められたが完成しなかったのである。その理由はいまは問題にしないが、正史でないとはいえ『日本紀略』や『本朝世紀《ほんちょうせいき》』などもつくられているから、史書撰修が行われなくなったのが私日記の盛行をもたらしたわけではなさそうである。では一体、なぜ平安時代以降に私日記が盛んになるのであろうか。

藤原氏で、現存の日記のうちもっとも古いのは『貞信公記』である。ただしこれは藤原忠平《ただひら》（彼は貞信公と諡号《しごう》されている）の日記であるが、抄略されたもので、『貞信公記抄』と呼ぶべきものである。忠平の日記を抄出したのは長子の実頼《さねより》で、彼は日記を抄出することで行事の概略を把握することができるとしたためである。日記をつけることは、行事・事件等の経過を記録し、後鑑《こうかん》に備えるのが目的である。そのことは忠平の次子師輔《もろすけ》が子孫に対し、貴族として立居振舞い・心得を書き記している「九条右丞相遺誡《くじょうじょうしょうゆいかい》」（日本思想大系『古代政治社会思想』所収、岩波書店）に明らかである。それによると、

夙《つと》に興《お》きて鏡に照らし、先づ形躰の変を窺へ、次に暦書を見て、日の吉凶を知るべし、年中の行事は、略件の暦に注し付け、日ごとに視るの次に先づその事を知り、兼ねてもて用意せよ。また昨日の公事、もしくは私に止むを得ざること等は、忽忘《こつぼう》に備へむがために、また聊《いささか》に件の暦に注し付くべし、ただしその中の要枢《ようすう》の公事と、君父所在のこと等は、別にもて記して後鑑に備ふべし

と見える。すなわち、早朝目を覚ますと、まず鏡にわが身を照らし、暦を見て日の吉凶を

調べ、一日の行動を判断することとし、また年中行事をその暦に記しておいて、かねてより準備しておき、当日疎略のないようにする。また昨日の公事や私的なことで重要な問題には、備忘のため、右の暦に注記し、さらに重要事項は別記するように、と記している。

暦とはいわゆる具注暦《ぐちゅうれき》で、月日・干支のほかに、その日の吉凶や気節の変などを記したもの、前年度末までに陰陽《おんようりょう》寮で作成し、貴族らに頒賜したものである。今日、具注暦に師輔の言うように日記を記したもので現存しているのは、師輔の孫道長《みちなが》の日記『御堂関《みどうかん》白記《ぱくき》』が最古である。それ以前の日記（たとえば表2の『御堂関白記』以前のもの）も具注暦に書かれていたのはいうまでもないと思うが、残念なことに原本として存在しないので断定できない。なお、八世紀の正倉院文書中に伝わる具注暦には日記を記しているものもあるが、それ自体は日と日の間に余白がなく、日記を書くといった性格のものではなかったようである。すなわち、正倉院文書によると、天平十八年（七四六）、同二十一年、天平勝宝八歳（七五六）の三種の具注暦が伝わっている。そのうち天平十八年の具注暦には、簡単な記事が記されている。しかし日記というよりも覚書風のものである。また静岡県浜松市伊場《いば》遺跡に隣接する城山《しろやま》遺跡、宮城県の多賀《たが》城遺跡でも、八世紀末の具注暦の断簡が発見されている。

また師輔の遺誡によると、日記には、日々の出来事を記す日次《ひなみ》記と別記がある。平安時代以降の具注暦は、一日分に二〜三行分をとっているのが普通であるから、その余白に一日の出来事を記すことができるが、それにしてもたいした分量の記事が書けるわけではない。前述の『御堂関白記』は具注暦に書かれているが、二行しか余白がないので、道長は書くべき記事の多いときには、その余白二行分に細かい字で四行・五行にわたって書いている。それでも書ききれないときは次の日の下部にくいこんで記したり、日記の裏に書いたところもある。また人によっては裏を使わないで、具注暦を切断し、別の紙を貼りついで、そこに書くべきものを記し、その後にさきほど切断した部分を糊で貼りつけるということをした例もある。

藤原氏当主の日記

日次記とは別に、事件や行事のなかには特筆しておくべきことがある。それは別に記すので別記というが、『貞信公記』にも別記があったらしく、実頼が忠平の日記を抄出していく途中で、別記のあるものは抄出しない（つまり省略する）と注記しているところがあることからわかる。師輔が遺誡のなかで別記せよといっているものに当たるわけで、『貞信公記』だけでなく、師輔自身の日記『九暦《きゅうれき》』にも別記がある。「九条殿記」などとよばれている。

ところが、別表にみえる日記は、もとより完全に残っているわけではない。『貞信公記』にしても、今日伝わっているのは前述のように実頼の抄出した『貞信公記抄』である。このほかのもので原本の残っている日記は少ない。というよりも平安時代の日記のほとんどは原本として伝わっていない。それらについては別に整理して述べることにする。しかしこれからも明らかなように、師輔がその遺誡のなかで日記を記すことを子孫たちに求めていたが、子孫たちは忠実に日記を書き残している。

日記を書く意義が将来に備えるためであったからであるが、藤原氏についていえば、忠平の『貞信公記』をはじめ、その子実頼の『水心記《すいしんき》』(『清慎公記』ともいう)、実頼の弟師輔の『九暦』(『九条殿記』ともいう)、同師尹《もろただ》の『小一条記《こいちじようき》』(『小左記《しようさき》』ともいう)、実頼の孫実資《さねすけ》の『小右記《しようゆうき》』(『野府記』)、またその孫の資房《すけふさ》の日記『春記《しゆんき》』(『野房記《やぼうき》』)、師輔の孫道長の『御堂関白記』、その孫の師実《もろざね》の日記『京極《きようごく》関白記』、その子師通《もろみち》の『後二条師通記』(『後二条関白記』)、師通の子忠実《ただざね》の『殿暦《でんりやく》』(『知足院《ちそくいん》関白記』)、その子忠通《ただみち》の『玉林』(『法性寺《ほつしようじ》関白記』)、忠通の子兼実《かねざね》の『玉葉《ぎよくよう》』(『月輪《つきのわ》関白記』)、また忠通の弟頼長《よりなが》の『台《たい》記《き》』(『宇槐記《うかいき》』)などがある。

右は摂関家の当主やその兄弟の日記であるが、摂関家ではなくても藤原行成《ゆきなり》の『権記《ごんき》』(『行成卿記』)や藤原宗忠の『中右記《ちゆうゆうき》』、藤原定家《ていか》の『明月記《めいげつき》』などは知られている。

少し繁雑になったが、右に掲出した人々のうち道長の直系の子孫たちは代々日記を書いているが、そのほとんどは摂政もしくは関白になっている人たちである。彼らは日記を書くことを日課としたが、そうすることが彼らの義務であったからである。したがってその意味では私的な日記であるが、一面では職掌日記の性格ももっていたといえよう。摂政・関白になると、行事の次第を作進することがあり、行事をとりしきることもある。そのさい本人はもとより先祖の書き残した日記を参考にすることがある。実頼が父忠平の日記を抄出したのも、後鑑に便宜を得るためである。まさに「執政の家」としての自覚である。政治が律令にもとづいて行われている間はそれほど問題にならないが、律令や格式の改変が行われてくると、先例・習慣が問題となり、日記の重要性がますます高まってくる。

『九条右丞相遺誡』

『九条右丞相遺誡』によると、

故老と公事を知れる者、これに相遇ひたるの時は、必ずしもその知りたるところを問へ、賢者の行を聞くときは、及びがたしといへども必ずしも庶幾《しょき》の志を企つ、多聞多見は、往を知り来を知るの備なり、

とある。故実・典礼を知ることの必要性を説いているが、このほか、公私にわたる処世の方法を論じている。それらのなかには、日記を記す意義に通じるものがある。「執政の家」としての自覚が、子々孫々に至るまで貫徹されるようにと念じた師輔の遺誡であるが、少なくとも日記についていえば、子孫たちは師輔の遺誡を守っているようで、江戸時代になっても、摂関家の当主たちが日記を記していることは、九条家や近衛家に伝わっていた当

主の日記を見るとよくわかる。彼らは師輔の遺誡を守り、行事そのほかの公事にあたっては、先祖の日記を開いて先例を調べ、粗略な振舞いのないように留意をしているのである。したがって日記は個人の私的記録ではなく、それ自体が公的記録である。

そのような日記を繰って先例を調べるとなると、自身の日記を繰って調べるだけでは不十分である。平安時代後期の『中外抄《ちゅうがいしょう》』という書物がある。摂政・関白を務めた藤原忠実の言を書き留めたものといわれているが、それには、祖父師実の話として、行事の次第を知るには、家の日記の三点ばかりを見るのがよく、「他家の日記は全く無益なり」と記している。行事の次第、先例を見るのに他家の日記が役に立たないというのは、日記の内容が先祖のものが確かで、ほかの人たちのものが信用ならないというのではあるまい。摂関家の当主の取るべき行動は、同じ立場の先祖の日記を見ることで確認できるが、立場が異なると、書かれている内容が異なるから、摂関家の当主には参考にならないという意味であろう。それだけに先祖の日記を尊重し、保存はもちろん、なかには先祖の日記から必要なところを抄出し、あるいは先例の箇所を集めた勘例とか部類記がつくられることになる。また、それとは別に儀制書などがつくられ、行事の次第などの参考に供されるようになる。しかしこれらについては、藤原氏（とくに摂関家当主たち）の日記以外について述べた後に考えるべきものと思われるので、もう少し日記について整理しておきたい。

日記

儀式と故実の手鑑

日記の効用

平安貴族の代表者として藤原氏とくに摂関家《せっかんけ》を中心に、彼らがいかなる過程をへて政権を担当するようになったか、彼らの政権担当者としての自覚がどのようなものであったかなどについて述べてきた。とくに前章で「日記」を取り上げ、それが単なる個人の備忘にとどまらず、政治の参考に供するという役割をもっていることを述べた。ただそこでは一般論として述べたにとどまっている。そこでもう少し日記の効用について考えてみることにしよう。

日記を書く理由

日記を記していたのは必ずしも摂関家の当主たちだけではない。たとえば前章に表2「平安時代主要古記録一覧」を作成して掲出しておいたが、それを参照するとわかるように、摂関家以外のかなりの人たちも日記を残していたのである。しかしそこに掲出したものは現存の日記のうちでも比較的まとまって残っているものに限ったから、その表から漏れているものも少なくない。

ところで多くの貴族たちは、それぞれに日記を記していたようであるが、諸般の事情によって、現在、すでに湮滅《いんめつ》してしまったものも少なくない。

私日記が、平安時代以降、とくに六国史《りつこくし》が編纂されなくなったころにつくられるようになったが、前章でも述べたように、結果としてそうなっているだけで、それを六国史がつくられなくなったことと関係づける必要はない。しかしそれにしても六国史が編纂されなくなってのち日記が多くつくられ、「日記の家」という言葉も生まれているように（『中右記《ちゆうゆうき》』康和五年正月十六日条）、日記が政治や制度・儀式の沿革を知るうえで活用されるようになったのは事実である（『中右記』天仁元年五月六日条）。

さらにそのことを知るうえで参考になるのは、そもそも個人の日記はいつごろから書き始められるようになったのかということであろう。そのことを調査したものに大島幸雄の「私日記の起筆に関する覚書」（史聚会編『奈良・平安時代史の諸相』高科書店）がある。

大島によると、一定の年齢に到達すると日記を書き始めるのではなく、人さまざまで、五位叙爵に伴う任官、あるいは昇殿の聴許などを含め、律令制下の官人として出仕するにさいし、日記を起筆するのだとされる。すなわちそれは、官職に対する自覚が日記を書き始めさせるということになるのであろう。膨大な日記を残している『中右記』の記者藤原宗忠《むねただ》は右近衛権少将に任官したときに、起筆しているようである。あたかもそれは、かつて師輔《もろすけ》があの遺誡のなかで、官人たる者の心得を諄々《じゅんじゅん》と説いて、公事に闕怠《けったい》のないように務めるべしと述べていたことに思いを致すと、昇殿を聴されたり、諸衛の官となったころに日記を書き始めたと考えてさしつかえないのではあるまいか。

なおついでに言えば、日記はいつまで書いているかであるが、これもまた諸般の事情によって異なっているようであるが、膨大な日記の記者である藤原宗忠は、保延四年（一一三八）二月二十九日に出家するが、その日の日記文に「世事今より心に長く断つ、日記せず」とあり、もはや世事は書きとどめないと宣言している。これが当時の人たちの日記観ではあるまいか。

日記の抄出

前にも記したが、藤原忠平《ただひら》の日記をその子藤原実頼《さねより》が抄出したものがある。忠平の日記は諡号《しごう》に因んで『貞信公記《ていしんこうき》』というが、抄出したものを『貞信公記抄』と称している。実頼が父の日記を抄出したのは、抄出することによって行事の先例を簡便に知ることができると考えたからである。そのことは実頼が日次《ひなみ》記の抄出にあたり、別記があるものは抄出しない（『貞信公記抄』天慶九年正月十日条）、つまり日次記から削除するとあるのが証明している。

九条師輔の言うように、別記はもともと日次記とは別途に書かれたもので、行事の内容について特記する必要のあるものを書き上げているから、特定の行事を調べるのには、日次記全体を繰って調査するよりも簡単である。したがって実頼は、別記のあるものは日次記の部分を抄出しなくても、適宜別記で調べることが可能だと考えていたわけである。

このように「日記」を抄出した事柄の内容を一覧できるようにする方法のほかに、膨大な日記のなかから目次的に事項を抜書したものもある。たとえば藤原実資《さねすけ》の日記『小右《しょうゆう》記《き》』の場合がそうである。『小右記』は藤原道長の『御堂関白記《みどうかんぱくき》』や同行成《ゆきなり》の『権記《ごんき》』などとほぼ同時代の日記であるが、これには膨大な記事が収められている。同記は東京大学史料編纂所から印刷・公刊されているが、一一冊におよぶ膨大なものである。なお『御堂関白記』も東大史料編纂所刊行の『大日本古記録』に収められているが、全三冊である。いかに『小右記』が膨大な記録であるかを判定するうえでの目安になろうが、分量だけでなく、当日記の特色は、すでに摂関への望みがない藤原実資が藤原道長の栄耀栄華を横目で眺めながら、道長の専横の様子を叙述し、ときに鋭い批判（羨望や皮肉も込めて）を加えるなど、内容的には、はなはだ生彩に富んだものである。後代に本記は九条兼実《かねざね》の『玉葉《ぎょくよう》』や洞院公賢《とういんきんかた》の『園太暦《えんたいりゃく》』とともに三大記録の一つとして人々に知られているところである。実際、『小右記』が記録している年次は、記者実資が二十六歳から七十六歳に至る五一年におよぶものである。ただし、現存しているのは、このうち三四年間の分であるが、少なくとも彼は五一年間にわたって書き続けていたことになる。実に根気のいることである。このためかある人は、かかる日記を見ると偏執狂的とさえ思えると述べている。三日坊主が正常で、このような長期にわたる日記の筆者を異常といってよいかどうか。もっとも三日坊主を常人というか凡人というなら、五〇年にもおよぶ日記の筆者を異常の人といってもよいのかもしれない。たしかに『小右記』のなかにも天狗のことなど怪奇の話も伝えられているが、これは記者実資が異常というよりも、時代的背景のなかで異常かどうかを判断すべきものである。むしろ実資としては、内裏《だいり》に猫の子が生まれたのを面白がって、本来人間に行う産養を猫のためにし、猫の乳母《うば》を任じた道長の愚行を批判する正常さをもっており（『小右記』長保元年八月十九日条）、前記のごとく実資の社会を見る目は、権力と離れているだけに冷静さを失っていないように思う。だからこそ『小右記』はその後も長く重宝されたのである。

ところで『小右記』の特色は、記述された年次が長期にわたるばかりではない。一度でも本記を見たことのある人ならば、いかにこの日記が詳細なものであるのかがわかるであろう。それに古く日記は巻子仕立《かんすじたて》であったから、一巻が春（正月～三月）とか夏（四月～六月）などに分かれていることがある。もともとは春夏、秋冬の各一巻、併せて年間二巻を天皇・皇族・貴族たちは十一月一日の頒暦《はんれき》の日に受領しているが、人によっては二巻を四巻に作り直して日々の記録を丹念に記したものもある。とすると、そのような膨大な日記から何かの制度・典礼を調べようとして日記を繰っても必要なことをすぐに見つけるわけにもいかないが、幸いこの日記には目録（内容別）の作成が行われている。それを『小記目録』という。その分量も大変なもので、全部で二〇巻あったらしい。いまそのうち二巻を欠いているが、その目録によると、年中行事七巻、神事一巻、仏事二巻に臨時の儀式の部一〇巻からなっているようである。それぞれにさらに細かく行事ごとに分かれているが、それによって日記の記事を検索することもできる。

部類記の編集

同じく藤原宗忠《むねただ》の日記『中右記《ちゅうゆうき》』も目録がつくられている。ただしこの『中右記目録』は『小記目録』とは異なって内容ごとに分類されておらず、形としては『貞信公記抄』のごときものである。ところが『中右記』には『中右記部類』とよばれるものがある。日記が制度・典籍の備忘として用いられ、その検索のためにしばしば引勘されるとすると、それぞれの項目に応じた分類・整理がなされるのは当然であろう。

すでに藤原師輔はかつて子孫のために書いた「九条右丞相《くじょううじょうしょう》遺誡《ゆいかい》」のなかで別記することを命じたが、師輔自身の別記の一部は写本であるが、「九条殿記」とよばれて天理図書館や宮内庁書陵部に伝わっている。たとえば天理図書館にある師輔の記録には、「年中行事二」といった外題《げだい》を付された写本がある。内容は二宮大饗《にのみやだいきょう》や大臣家大饗とするものである。そのほかにも五月節《さつきのせち》・駒牽《こまひき》・菊花宴《きっかのえん》・殿上菊合《てんじょうきくあわせ》などに関するものなどもある。これらは各行事に関する代表的なものを収めたものであるが、複数の項目が一書にまとめられているのが特色である。

『中右記部類』は宗忠自身が編纂したものである。『中右記』の保安元年（一一二〇）六月十七日条によれば、宗忠は三四年間にわたる自己の日記一六〇巻の中から、二年余りの歳月を費して編集しているが、もう少し仔細にみると年中行事・神事・仏事・臨時の儀式などについて項目別に分類・整理を行っている。なおこの部類記作成にあたって、宗忠は、家人たちに手伝わせているが、必要な箇所を書写させたり、自分の日記を切貼りしたりしたという（『同記』保安元年六月十七日条）。それ以上に注目されるのは、部類記作成の目的について、自分の子息（宗能《むねよし》）のためにつくったのであって、他人に見せるべきものではない、もし庶子のなかで官職について参考としなければならないときには、宗能から借用するように、と記している点である。備忘のためとはまさに自分やその子孫たち、とくに直系の子孫のためである。なお現存の『中右記部類』によると、保安元年以降の記録も含まれているから、宗忠が部類記をつくったあと、さらに宗忠自身か子息の宗能が追加したと思われる箇所がある。いずれにしろ一つの記録のなかから関連する行事を抜き出してつくった部類記としては、現存するもののなかでは早い事例である。そのようにしてつくられた部類記には、後に述べるが藤原公任《きんとう》が祖父実頼《さねより》の日記を切取ってつくったものがある（『小右記』万寿五年七月一日条）。なおこの例に属するものに『吏部王記部類《りほうおうきぶるい》』がある。日記本体の成立時期からいえば、『吏部王記』は『中右記』よりもはるかに早くに記された日記であるが、部類記として編集されたのは『中右記部類』の作成時とあまり変わらないのではなかろうか。現在、『吏部王記部類』のことは、その一部が『台記《たいき》』や『御質抄《おんしちしよう》』に引用されて伝えられているのみで、その原本はもとより写本も伝わっていないからである。

　部類記にはこのほかに、特定の事項について複数の記録から抜書きしてつくったものもある。この種の部類記としては、藤原頼長の日記である『台記』によると、頼長は養女多《た》子《し》の入内《じゆだい》に関連して「入内旧記部類」二八部をつくったとか、近衛《このえ》天皇の元服の儀のため「御元服旧記部類」をつくったとかみえるように、平安時代も後半に入って以降に複数の記録によって部類記がつくられるようになり、鎌倉時代以降その例はますます増えている。したがって平安時代にかぎっていえば、この種の部類記は萌芽的なものであったといえる。

　少し話が細かくなっているが、詳しくは橋本義彦の「部類記について」（『平安貴族社会の研究』所収）を参照されたい。

これらの部類記などを検討することで、古代の制度・典礼の沿革や実態をつかむことができるし、またすでに本記は散逸しているものでも、部類記などの残存によって本記の欠を補うことのできるものもある。前述の『小記目録』もその一つである。本記がないため事実を確認できない事柄で『小記目録』で確認できるものも少なくない。また行事の別記を聚めておいた部類記で本記の欠を補うこともできる。これらは本記がなにかの都合で紛失した場合のことであるが、部類記を作成したために本記が破損し散逸してしまったものもある。さきに少し触れたが藤原公任が祖父実頼の日記『清慎公記《せいしんこうき》』を切取って部類記をつくったためにその残部は反故《ほご》同様になったという例がそれである（『小右記』万寿五年七月一日条）。もっとも『清慎公記』のなくなったのはそのほかにも焼失という理由もあるが、ともかく調査すべき事項がありながらもはや見ることができないので、藤原実資は代わって『村上天皇御記』や重明親王の『吏部王記』を調査している（同前）。

勘物の作成

さて部類記ではないが、項目ごとに関係資料を掲げているものがある。源高明《みなもとのたかあきら》の著『西宮記《さいきゆうき》』の写本をみると、特定の項目について、三代の御記（宇多・醍醐・村上各天皇の日記）をはじめ、『九暦《きゆうれき》』（九条師輔の日記）や『吏部王記』そのほかにも多数の記録が引用されている。それらはもともと『西宮記』に存したというよりも、『西宮記』の理解を助けるために後人の追筆になったもので、古写本（尊経閣蔵前田家巻子本や同大永抄本、また宮内庁書陵部蔵壬生《みぶ》家本）などをみると裏書として記されているものが多い。それらは一般に勘物《かんもつ》とよばれているが、なかには今日伝存しない日記の逸文も少なくなく、これら勘物を調査することによって、すでに散逸している日記の蒐集をはかることができる。

すでに和田英松らによって、その作業が進められている。和田は『西宮記』の勘物から三代御記の逸文を蒐集し、その他で発見された逸文などとあわせて『列聖全集』などに『三代御記』等を『御記纂』として収録し、刊行されたが、その後、所功は和田の研究に倣《なら》い、さらに『西宮記』に関する一連の研究を発表し（『平安朝儀式書成立史の研究』に収録、国書刊行会）、また『三代御記』については、前記の研究を通じてさらに多くの逸文を蒐集し、『三代御記逸文集成』（国書刊行会）として刊行されている。また和田は前述の『三代御記』の逸文の蒐集のほかに、公家らの日記、社寺の記録など主要な記録でありながら、すでに散逸しているものを蒐集していたが、出版されることなく逝去したことから、森克巳は和田の遺志を汲んで、『国書逸文』として刊行した（発行者―森克巳）。後に国書逸文研究会によってさらに補充訂正が行われ、『新訂増補国書逸文』として刊行されている（国書刊行会）。

また『大日本古記録』所収の『貞信公記』や『九暦』などは完本ではないが、これらもさきほどの勘物にもとづいて蒐集した逸文を収めている。『吏部王記』の場合は、現在確実な写本が残っていないので全貌を摑みきれないが、『西宮記』の勘物によって、かなりの逸文を蒐集することができる。古代学協会編『吏部王記』(臨川書店)や『史料纂集』に所収の『吏部王記』(続群書類従完成会)の多くは、『西宮記』に依拠した部分が少なくない。なお『吏部王記』については、このほかに『政事要略』や『北山抄《ほくざんしょう》』などからも逸文を蒐めている。逸文の収集法についてはさまざまな方法があるが、『史料纂集』所収の『吏部王記』巻末に私なりの逸文蒐集の方法を記しておいた。

以上のように、日記は制度・典礼の備忘のために記されたが、さらにその日記から必要事項を抜書きして利用する方法が講じられるようになった。その背後には、いうまでもなく平安貴族社会のなかにおける故実・先例の重視という観念が存在していたのである。そその観念がいつ、どのようにして成立してきたかを説明するのは困難である。ただその観念が成立しはじめると、それに対応できるだけの根拠となるものがつくられねばならず、平安時代になって盛んにつくられ始めた儀制書が、そのような貴族の行動規範の一つとなったのは明らかである。

先例の重視

故実の研究

平安時代に儀式の固定化・形式化が進み、平安時代政治が動脈硬化していたようにいわれる。たしかに当該時代の政治の運営をみていると、朝廷内部における政務の執行にあたっては、当時の大多数の国民とは乖離《かいり》したものであったといっても過言ではない。

七世紀後半から九世紀前半ごろの政治が、国民の動向に敏感に反応し、具体的対策を提示しながら国家的支配の遂行にあたっているのに対し、十世紀以降の政治が形式のうえでは律令体制をふまえているようでありながら、国家（政府）が個々の人民や土地を把握する方策を放棄せざるをえなくなり、国司などの地方官に一種の請負的な行為を行わせ、地方行政と中央行政が必ずしも直截な形式で一本化しなくなっている。そのような状況のもとでは、律令政治は形骸化していかざるを得ないが、その結果、朝廷では儀式が中心となり、平安貴族は儀式ばかりにうつつを抜かしているといわれるのも首肯できなくはない。

儀式は彼ら平安貴族にとっては不可欠のものであり、儀式に精通する者が重用され、儀式の場で転んだり、名前を読み間違えたりすると侮蔑される。後世のわれわれが見ていると、このような儀式偏重はあまりにも異常に思えるが、当時の人々にとって、儀式は不可欠の重要事であった。もともと儀式は集団的行動をとる場合の秩序であり、その秩序を整然と盛り上げるための作法・行事である。

わが国古代においては、中国より律令格式《りつりようきやくしき》などの法が導入されたとき、同時に礼的秩序がとり入れられ、政治の場において儀式が整えられていたのである。ただそれらが古くどのような形式で行われていたのかはなかなか理解し難いところであるが、平安時代には朝廷の儀式の方法について、弘仁・貞観・延喜の三代にわたり、それぞれ官撰の儀式書が作られていて、これらを「三代儀式」という。このうち現存しているのは『貞観儀式』一〇巻で、他の『弘仁儀式』と『延喜儀式』は伝わっていない。そのこともあって、『貞観儀式』のことを単に『儀式』とのみ称することがある。ところで弘仁・延喜の両儀式の研究が進められるなかで、『儀式』偽作説が出されたりしているが、その当否は別にして、儀式は朝務遂行のうえで不可欠のものである。ただ右の『儀式』つまり『貞観儀式』をみても、必ずしも詳細なものではなく、儀式の基本が示されているにすぎない。したがって平安時代の初期においては基本にもとづいた朝儀が行われたが、実際には「定事」がなく時宜にしたがって行われたこともあって、さまざまのヴァリエーションがあったものと思う。ところが十世紀初頭から事態は若干変化しはじめている。

口伝と教命
——故実・典礼

さきに日記の効用で記したが、日記は制度・典礼の備忘であり、記者自身はもとより子孫たちも日記の積極的利用を図っていた。それはまさに儀式の次第を進行させるにあたり、故実・先例を確認するのが目的であったが、なにが儀式の基本となるかが決定していなければならない。たとえば藤原忠平《ただひら》が承平六年（九三六）正月四日の大臣家大饗《だいきょう》を私第で行ったとき、心神不調のため簾《れん》外《がい》に出なかったのは「元慶《がんぎょう》八年堀川院例」によったという（『西宮記』所引『貞信公記』）。ここにいう堀川院は元慶年間の太政大臣藤原基経《もとつね》のことである。忠平は父基経の例に倣《なら》ったわけであるが、基経の例が基本となり、その後の参考に供された事例はほかにもある。基経が儀式について深い関心を払っているらしいのは、基経は儀礼を式部卿本康《もとやす》親王・貞《さだ》保《やす》親王に伝え、それが忠平に伝えられていることからもわかるし（『九暦』天慶七年十二月十一日条）、おそらく忠平の兄時平もそれを伝えられていたのであろう。

忠平は時平の儀式が諸事故実に准じて行っていると述べている（『九暦』天慶七年十月十

一日条)。それゆえに時平の儀式には信頼がおかれ、時平の申すところに従ったといえば、天皇といえども故実に依ったのかということになる(『延喜御記』延喜十三年正月二十一日条)。醍醐天皇も儀式には強い関心をもっており、延喜儀式の編纂が行われたほかに、天皇の日記『延喜御記』のなかにもしばしば儀式の様子について先例と対比している(『延喜御記』延喜三年六月十日、同八年正月一日条)。

その後、時平は父基経の故実を学びながら、おそらく新たな儀式の次第作成を行ったのであろう。しかし時平は比較的早くに薨去したため、時平の流れとしてそののち独自の流派を形成するに至らなかった。ところが忠平は前述のように本康・貞保両親王を通じて父基経の儀式の説を伝授されたが、そのほかにも基経は醍醐天皇の説を受け、それに古くからの国史や外記日記などを参照して、しだいに忠平独自の儀式の理解を体系化しはじめたようである。しかし忠平の儀式に処する態度は、定事のないときなどは「無難を以て先と為す」とすることで、必ずしも固定的ではなかった(『貞信公記』天慶元年七月二十一日条)。その態度は忠平の子師輔がしばしば忠平に儀式の方法を問うたときの回答に見ることができる。したがって当時儀式は、まだ状況に応じて変化してもよいというように流動的な面をもっていたのであろう。

忠平は自ら体得した理解を著述することはしなかったが、それを子供たちに伝授するのは熱心であった。とくに実頼と師輔の二人の兄弟は折にふれて父忠平から口伝《くでん》や教命《きょうめい》を授けられている。しかしこの二人の兄弟たちは、父よりおなじく儀式の次第を伝授されながら、同じ儀式でも若干その理解を異にする点もあった。しかし二人の間に意見の相違があっても、まだ対立するまでには至っていない。ところが師輔の子孫、九条流の人たちが摂関の職に就任し、政務の中心として活動を始める一方、実頼の子孫はその子頼忠が関白になったほかは、摂関への望みがなくなってくると、小野宮流の人々、とくに実資には九条流に対抗する意識が高まってきたらしい。九条流の流れを汲む頼通が関白の時の作法について実頼の先例を確かめようとし、実資に実頼の日記『清慎公記』について調査を依頼したところ、公任がその日記から部類記を作ったため肝心の部分は切りとられ、日記自体はすでに反故となっているとか、焼失しているとか述べて調査を拒否している（『小右記』長元元年七月一日ほか）。

前節でも述べたが『清慎公記』の切りとりが行われたことは間違いないが、実資のこのような態度は、明らかに九条流を意識してのものである。

実資が九条流に対抗意識をもっているもう一例としては、実頼の孫で小野宮流の一員である公任が九条流によって儀式を行ったことを激しく非難して「故殿（実頼）の口伝を用いらるべし、他人の古実を用いるべからず」と述べていることからもわかる（『小右記』

寛仁二年三月十九日条)。

このように九条流と小野宮流の対立が生じてくると、それを統合する方向に進むのは必然であるが、その役割を担ったのが実資に叱責された公任である。もとより公任が小野宮流の立場を失ったわけではなく、むしろ小野宮家の立場にありながら、九条流との融和を図ったといってもよいかもしれない。平安時代の儀制書として『西宮記』と並ぶ『北山抄』は公任の著作である。もともと『北山抄』は後代の名称で、当初は『年中要抄』『羽《う》林要抄《りんようしょう》』『拾遺雑抄《しゅういざっしょう》』『都省雑事《としょうざつじ》』などとよばれ、それぞれ別個につくられたもので、その作成理由も道長の命によったとか、道長の子で公任の聟となった教通《のりみち》のためにつくったなどとあったのを考えると、九条流の立場も十分に考慮したものであったといえよう。一方、このような両流の融和は、これらとは別に、道長による御堂《みどう》流ともいえる流儀の形成によっても進められていたが、『北山抄』の作成によって、それが以後公卿《くぎょう》らの指針となり、源高明《みなもとのたかあきら》の『西宮記』とともに貴族たちの重用するところとなった。

外戚

もう一つの権力

摂関と外戚

平安時代の貴族について、いくつかの側面から考えてきたが、まだ検討を要する点は多い。たとえば、藤原氏が他の貴族を超越した地位につき、政治的・経済的に類まれな権力を形成しているが、その権力をいかにして持続させていったかの問題がある。もっともこれについてはさきに「累代相い承けて、摂政絶えず」といわれたように、始祖鎌足《かまたり》以来培ってきた実績をふまえ、さらに、天皇との外戚関係にもとづいていると述べたのでいちおうはよいようにも思うが、外戚関係そのものについては、必ずしも十分に論じていないので、その点に触れながら、古代貴族社会における人的かかわりについて考えてみることにしよう。

摂政と外戚

平安時代の政治史、とくに藤原摂関家《せっかんけ》について論及する人は、必ず藤原氏が天皇の外戚《がいせき》であることによって権力を確実なものにし、さらに権力の伸張を図っていると述べている。そのこと自体は誤りではないが、ここで少し立ち入って問題を検討してみたいと思う。というのは摂関政治について、天皇の外戚であることが摂関補任《ぶにん》の重要な資格であるかのように論じられているのであるが、それには若干疑問があり、この疑問に答えるなかで摂関制の特質が浮び上ってくると思うからである。したがってまず摂政《せっしょう》と関白《かんぱく》のそれぞれに分けて、外戚関係の有無を明らかにしてみよう。そのまえに外戚の定義をしておくが、土田直鎮によると、天皇の外戚という場合は、天皇の生母の親（すなわち外祖父母）と同じく生母の兄弟姉妹（それも同母）あたりを一応の目安としているので、私もそれに従うことにしよう。

さて摂政と外戚の関係であるが、鎌倉時代初めの慈円《じえん》の『愚管抄《ぐかんしょう》』によると、

忠仁公《ちゅうじんこう》（藤原良房）、清和ノミカド日本国ノ幼王ノハジメニテ、外祖ニハジメテ摂政ニヲカレテ後、コノ摂政ノ家ニ帝ノ外祖外舅《がいきゅう》ナラン大臣ノアラン、カナラズカナラズ執政ノ臣アルベキ道理ハヒシトツクリカタメタルダウリニテ、一ドモサナキコトハナシ、

とある。藤原良房以来、摂政は天皇の外戚であることが補任にさいしての重要な資格の一

つにされていたというのである。

摂政の補任資格としては、右のほかに大臣以上であることもあげられる。そのことは右の『愚管抄』にも見えるが、南北朝期に南朝方に属した北畠親房《きたばたけちかふさ》の著した『職原抄《しょくげんしょう》』にも、

摂政・関白は大臣が之《これ》を兼ねる、或は大臣の職を去り之を帯びる、東三条入道（藤原兼家）摂政以来の例なり、

とあるように、大臣またはその経験者が摂政・関白に補任されることになっている。そのことは摂政の実例に徴しても問題はない。なお『愚管抄』は中世初期の史論書で、古代から中世初期の武士の時代に至る歴史を藤原氏の一員とくに九条家（慈円は摂政藤原兼実の弟）の立場で叙述したものである。そのなかには平安時代の制度の沿革や意義が随所に記されており、平安時代史研究に不可欠の文献である。また『職原抄』は親房の『神皇正統記《じんのうしょうとうき》』と並ぶ二大著作であるが、公家の時代の再興を夢みた後醍醐《ごだいご》天皇に従った親房が公家社会の官職等について解説を加えたもので、これもまた平安時代史研究に必須の参考書である。

それらによって摂政の補任資格を整理すると、さしあたり(1)外戚、(2)大臣またはその経験者、の二点があることがわかる。ところで室町時代の碩学《せきがく》であり、同時に政治家でもあ

った二条良基の『百寮訓要抄《ひゃくりょうくんようしょう》』（『群書類従』官職部所収）なども、平安時代の制度を知るうえで目を通しておくべき参考文献であるが、同書によると、摂政には藤氏長者第一の人を補任すると記している。そのことは江戸時代に著された『百寮訓要抄』の注釈書、『百寮訓要抄別註』（大塚嘉樹著）にも摂政の補任資格として藤原氏中官位第一の人をあげており、ほかに大臣以上も必須の資格としている。ところがこれらには、摂政の補任資格に天皇の外戚であることをあげていない。たまたま『百寮訓要抄』や『同別註』がそのことを記載していなかったためと思われるかもしれないが、当時すでに、外戚であることが摂政の補任資格ではなくなっていたためと考えられる。

摂政の補任資格に時代的変遷のあるらしいのがわかったので、次に実例にあたって調査してみると、藤原良房以降江戸時代末の二条斉敬《なりゆき》に至る全摂政六〇例中一二例の摂政しか天皇との外戚関係がない（ただしほかに天皇の叔父が二例ある）。一二例中、三例は鎌倉時代の事例で、残る九例が平安時代の例である。そこで具体的にその事例をあげてみよう。

まず藤原良房であるが、彼は女《むすめ》の明子《あきらけいこ》を文徳《もんとく》天皇の後宮《こうきゅう》に入れ女御《にょうご》としたが、その所生の子が清和《せいわ》天皇である。天皇は明子の染殿《そめどの》の邸で養育されたが、同邸はもともと良房の邸であった。その良房は清和天皇即位の後、太政大臣として政務を補佐していたが、貞観八年（八六六）朝廷の重大局面にあたり、摂政に補任されたのである。

次に摂政になったのは良房の猶子《ゆうし》基経《もとつね》で貞観十八年（八七六）のことであるが、当時廟堂《びょうどう》には左大臣に源融《みなもとのとおる》がおり、基経は右大臣であった。しかし基経の妹高子《たかいこ》の所生の皇子が九歳で践祚《せんそ》して陽成《ようぜい》天皇になったので、基経が生母の兄（当時これを外舅《がいきゅう》という）として摂政を命じられた。

こののち、摂政に補任された者を順にあげると、藤原忠平（朱雀《すざく》天皇の外舅）、藤原実頼（円融《えんゆう》天皇の外祖父の兄）、藤原伊尹《これただ》（円融天皇の外舅）、藤原兼家《かねいえ》（一条天皇の外祖父）、藤原道隆（一条天皇の外舅）、藤原道長（後一条天皇の外祖父）、藤原頼通《よりみち》（後一条天皇の外舅）となり、いずれも天皇の外戚であることがわかる。

ところが頼通のあと摂政になった藤原師実《もろざね》、忠実《ただざね》、忠通《ただみち》らは外戚関係のない摂政である。ただし師実は堀河天皇の摂政であるが、天皇の母源賢子《けんし》は師実の養女であったから、師実は堀河天皇の養外祖父に当たるので、擬制的血縁関係が形成されていたと考えることができるから、これも外戚関係のある摂政に含めてもよいのかもしれない。

しかし忠実には師実のような関係はない。そしてこのころから政局は、いわゆる摂関政治から院政へと移行している。忠実が摂政になったのは嘉承《かしょう》二年（一一〇七）七月、堀河天皇崩御のあと鳥羽天皇の践祚したときからであるが、時あたかも白河院政の中期に入っていた。

前述のように、忠実に外戚関係はなかった。そこで忠実の摂政就任にさいし、一つの問題が生じている。『愚管抄』によると、ときの鳥羽天皇の母は藤原実季《さねすえ》の女苡子《いし》で、鳥羽天皇の春宮《とうぐう》大夫であった公実《きんざね》は天皇の外舅に当たる。天皇と外戚関係があれば誰でもが摂政になれるわけではないが、公実は外戚を一つの理由に摂政就任を要求したのである。『愚管抄』に「イマダ外祖・外舅ナラヌ人践祚ニアヒテ摂籙《せつろく》スルコト候ハズ」とあるように、公実は外戚関係のない忠実の摂政就任に反対し、白河天皇もその処置に窮したようであるが、結局は忠実を摂政に補任することとした。ここに外戚関係のない最初の摂政が成立することになったのである。

なおこのときの忠実の摂政就任の理由について「マサシキ摂籙ノ子ムマゴ」であること、つまり道長の嫡流（御堂《みどう》流）であることが要件とされ、爾来《じらい》、摂政は御堂流から補任されることになることを付記しておこう。忠実の摂政補任以降、外戚関係のある摂政は前記のように鎌倉時代の初期に三例あるが、たまたま天皇の外戚であったのであって、平安時代中期以前とは趣を異にしていると考えてよい。

関白と外戚

次に摂政と同様に考えられる関白の場合であるが、関白制成立の当初から天皇の外戚は問題になっていない。啓蒙書の類をみると、摂関となるには、天皇の外戚であることが必要とされたのはいうまでもない、などと記されることが多く、たまに例外として外戚関係のないこともあるという記述が見られる。なるほど平安時代にかぎって関白と天皇の外戚の関係を整理してみると、初例の藤原基経以下一五例目の関白藤原教通《のりみち》までのうち天皇と外戚関係をもたないのはわずかに三例である。したがって数字の上でみるかぎり関白もある時期まで天皇の外戚であることを補任の要件にしていたかのように思われそうである。しかし私は摂政とは異なり、関白の補任には外戚関係は必ずしも要件になっていたとは考えないのである。

その理由の第一は、堀河天皇崩御のあと、摂政の補任のさい、忠実は外戚関係がないため摂政就任が難航するが、当時忠実は関白であったから、外戚関係なしにすでに関白に補任されていたことになるのである。しかしそのことが当時少しも問題にされなかったのは、つまり関白は天皇の外戚であろうがなかろうが、どちらでもよかったのではないかと考えられる。外戚関係のある方が関白にとって、より望ましいのはいうまでもない。

第二に、円融・花山両朝の関白藤原頼忠には外戚関係がない。もっともこれについては、関白藤原兼通《かねみち》の病が重くなったとき、仲の悪い弟の兼家に関白を譲りたくない一心で、兼通は病をおして参内、従父兄弟の頼忠を兼通の後任に据えたという有名な事件の結果であったし、まったく特殊な例であるとされている。あるいは兼通は、頼忠の外戚の有無が念頭になかったのであろうか。もっともこの話は『大鏡《おおかがみ》』に記すところであるが、大津透は、この話は事実を伝えたものではなく、後補されたものだという。とすると、頼忠が関白に補任されたのは兼通の衝動的な行為の結果ではなく、大津のいうように、左大臣藤原頼忠が関白になるのが本来のすじであったことになる。そうであるとすると、頼忠の関白就任にあたり外戚関係が問題にされないのは、関白の就任条件として天皇の外戚関係はもともと無関係であったからではないかと考えることができる。

その点を第三の事例で考えてみよう。初代関白である藤原基経の例である。基経は良房の猶子となるが、長良の実子で、陽成天皇の摂政になったときは、長良の女高子が天皇の生母であったから、基経は外舅に当っていた。ところが基経が関白になったとき、天皇の外戚ではなかったのである。

基経の摂関補任の時期に諸説のあることは前述したので繰り返さないが、もし『公卿補任《くぎょうぶにん》』のように陽成天皇の元慶四年に摂政を辞退して関白になっていたとすれば、外戚関係のある関白といわざるを得ないが、基経の関白就任はその後の宇多天皇（母は班子女王《はんしじょおう》）のときであったから、天皇と基経に外戚関係は存在しなかったのである。したがって関白はその初例において外戚関係をもたなかったわけである。

以上の事例から、関白はもともと外戚関係をもたないのが原則で、平安中期に外戚関係のある関白が相ついで就任しているのは外戚関係のある藤原氏が実質的に最高権力を掌握していたからであって、実例と建前はこのさい区別しておく必要があろう。

なおここで、従来あまり触れられないが、関白を考えるうえで参考になる例をみておこう。平安時代後期の僧皇円《こうえん》の編集した『扶桑略記《ふそうりやっき》』（『新訂増補国史大系』）に菅原道真《すがわらのみちざね》を関白にしようとした記事を収めている。同書は神武《じんむ》天皇以降堀河天皇の嘉保《かほう》元年（一〇九四）におよぶ編年体の史書で、誤りも多いが、本書にのみ見える貴重な史料も多く、また八二種もの引用文献（現存しないものも多い）もあって貴重なものである。その引用史料の一つに「安楽寺託宣」がある。太宰府にある菅原道真にゆかりの安楽寺のことであるが、昌泰《しょうたい》三年（九〇〇）の初め、宮中の朱雀院《すざくいん》で醍醐天皇と宇多上皇が密議して道真を招いて関白の詔《みことのり》を下そうとし、道真がそれを固辞したとの話を伝えている。もとよりこの話は真実を伝えたものではないと思うが、この話から関白になるには藤原氏でなければならないとか、外戚関係がないといけないという固定観念のないことが推測される。ただしこれは、あくまでも虚構の話であるから、虚構の話をもとにした議論は慎まなければならないが、平安時代のある時期において、関白に対するある種の観念が表出していると考えてもよいのではなかろうか。もしそのような見方が許されるとすると、外戚関係がなければ関白になれないという観念はもともとなかったことの証明になろう。もっともこの菅原道真の事例を加えなくとも、関白の補任に外戚関係を必要としないのは明白である。

摂政と関白の違い
——外戚の場合

従来、摂政・関白は一括して摂関ともいわれてきたが、摂政の場合は外戚関係が補任の重要な資格とされており、関白は必ずしもそうではなかったといってよいことが明らかになった。外戚関係についてそのようにいえるとすると、それは摂政・関白の性格の相違によると考えることができる。両者の性格の違いは多くの書に記されているが、前出の故実書によると、たとえば『百寮訓要抄《ひゃくりょうくんようしょう》』には、

摂政は座を天子と等しくならべて、天下の政を成敗する。されば天子に等しくする職なり、

とし、

関白は人臣の位にして、只政《ただまつりごと》を管領する也、

と区別している。

天皇に代わって万機を摂行する摂政は、天子に等しくする職といわれるように、天皇のことを代行するものであるのに対し、奏上奏下一切の文書を披閲《ひえつ》する関白は、あくまでも人臣最高の地位にとどまる。この両者の差が一方は外戚関係を必要条件とするのに対し、他方は外戚関係を必要としなかったのであろう。

しかし平安時代の末、前述の例では藤原忠実が鳥羽天皇の摂政に補任せられて以来、摂

政にも外戚関係を必要としなくなった。一面では摂政補任に一つの拘束をとりはずしたごとくであるが、このとき摂政の補任が「マサシキ摂籙ノ子ムマゴ」の家柄、すなわち道長の御堂流の出身者に固定したのに留意する必要がある。一見するとこれは摂籙家（摂政・関白を輩出する家柄）の固定化、つまり摂籙家の安定を意味するようであるが、「摂関を貴族社会の一家格に封じこめたことを意味し、院政期における上皇と摂関の地位の格差を一段と広げる方向に作用した」との指摘にも注意を払う必要がある。そしてこれは結果的に、摂政の地位を関白と同様のものに引き下げる役割をもたらすようになるのである。

摂関と外戚の関係に触れながら、摂関制から院政に至るかなり重要な問題におよんできたが、次にこれまでみてきた外戚の意味を、もう少し具体的に考えてみることにしよう。

外戚の実態と意義

外戚《がいせき》は母方の血統において繋がる者のことで、令制では女系血縁を外親《がいしん》といい、自己の血縁（父方）を本族とよんでいるが、一般に外戚という場合、本節のはじめに述べたように、外祖父・外舅を中心に外祖父の兄弟が含まれるぐらいである。ところで前記した摂政・関白について、平安時代中ごろまでは原則はともかく、実際上は天皇の外戚の者が補任されているが、彼らは権力を揮《ふる》えたのであろうか。

平安時代の婚姻
——婿取婚の場合

古代の婚姻の形態にはいく度かの変遷があり、いまここでそれを述べるのは控えるが、婚姻について調べようとされる方は、なによりもまず高群逸枝《たかむれいつえ》著『招婿婚《しょうせいこん》の研究』を参照されたい。膨大《ぼうだい》な史料の調査と分析の結果が示されている。それによると婿取婚という婚姻形式がある。これは婚姻にあたって妻の一家が夫を婿として引き入れ、夫が妻の家に住む形式である。それ以前は、男が女のもとに通う形式の通い婚といわれるもので、藤原兼家の場合は、複数の妻のもとに通うのが常であったが、兼家の子道長の場合は、妻の実家に婿として入る婿取婚《むことりこん》の形をとっている。

この婿取婚がいつ成立したのかについて、具体的時期を明らかにすることはできないが、道長が源雅信《まさのぶ》の女倫子《むすめりんし》と結婚したとき、妻の実家土御門《つちみかど》邸に入り、やがて同邸を譲られており、のち同邸は道長の女彰子《しょうし》に譲っているので、少なくとも道長は土御門邸に婿入りしたことになる。もっとも土御門邸はもともと源雅信のものではなく、雅信の妻穆子《もくし》の父藤原朝忠《あきただ》が土御門中納言といわれていたことから推測できるように、もとは朝忠の邸宅であった。しかし朝忠は後に土御門邸を女の穆子に譲り、それがのち道長に伝領されたのであろう。とすると、源雅信も実は婿取婚の例に挙げることができよう。このように婿取婚の成立時期をおさえることはなかなかむずかしいが、男が女の家に入ることは平安時代の前期には一部成立していたようである。

さてこのような婿取婚になると、夫が妻方の家に住み、やがてその家を盛り立てていくことになるが、そのまえに妻方の援助によって、まず本人自身が宮廷社会のなかで自立できるようにする必要がある。そのためには、本家の援助はもとより、妻方の助力も必要と

なる。説話文学の一つである『宇都保《うつほ》物語』によると、

人の婿というものは、若き人などをば、本家の労《ろう》などして立つるをこそは、面白きことにはすれ、

とある。もっとも本家に頼るべきあてがない場合もある。

兼家の妻で陸奥守藤原倫寧《ともやす》の女《むすめ》は『蜻蛉日記《かげろう》』の作者としても知られているが、倫寧の女はその息子道綱のことを案じ、

人となして、うしろみ安からん妻などに預けてこそ、しかも心安からん、

と述べている。裕福な家、権力のある家に婿入りさせることを考えているのである。

平安時代の婚姻で興味深いのは、婿を迎えると、迎えた側すなわち妻側は、男つまり夫のために衣服を調達するのを慣例としている。『栄花《えいが》物語』（たまのむらぎく）によると、栄耀栄華をきわめた道長とさきにみた道綱の二人の婿に対し、姑である源雅信の妻穆子は八十六歳の生涯を閉じるまで、夏冬の更衣のとき、朝夕二通りの新衣を製して婿殿に供与していたといわれている。妻方が衣服を調達する例として『江家次第《ごうけしだい》』巻二十の執聟事の条に、

奉烏帽子狩衣、妻家儲之、聟公着之、

とあるのもあげておこう。

婿取りによる妻方の期待

このように妻方は婿取りにはかなり経済的出費をしているのである。いうまでもなく、妻の実家は、婿に家の将来を託そうと考えていたのであろう。さきの家の伝領や衣服の調達は婿を迎えるにあたって、妻方の接待の最たるものであり、それだけ婿にかける期待が大きかったことを示している。前章で取り上げた『北山抄《ほくざんしょう》』の著者藤原公任《きんとう》は、十三歳の娘に対し、後に関白となる十七歳の教通《のりみち》（道長の長男）を婿として迎え、教通の身の回りの世話をしているが、また教通の公卿教育のために、宮中の儀式・作法について折々に文章化して教通に渡していた。それらをあわせて後に一書としたものが『北山抄』である。それを見ていると、いかに公任が婿に期待をかけていたかがわかる。少し繁雑になるが、婿取り婚について、もう一例あげておこう。

『古事談』（新訂増補国史大系）によると、堀川左府（源俊房）は知足院（藤原忠実）を婿に取ったとき、賞翫《しょうがん》のあまりというから、かわいがりすぎて、食事のときは常に陪膳《ばいぜん》を奉仕し、汁物を進めるたびにまず自分が啜って味見をし、また飯を潰して渡されるので、忠実は辟易《へきえき》しながら食事をとったという。これもまた婿に対する期待の大きさを述べた話であるが、これらの話は、外戚の意味を考えるうえで参考となるであろう。

さきに道長の婚姻に触れたが、道長の妻倫子の父源雅信は当時、左大臣で、雅信は倫子を将来は天皇の后《きさき》にと思っていたからこの婚姻には反対であったらしい。しかしこの婚姻を強引に推進したのが雅信の妻穆子で、彼女は道長の異才を見抜き、将来を託すにもっともふさわしいとして庶事万端を整えてしまったのである。

いつの世でも婿の能力を見抜くのは至難のことで、穆子の眼力は見事であった。このようにして婿を取ると、妻の両親は文字どおり献身的な世話をし、婿が辟易するほどのかわいがりようを見せるのである。道長も忠実も妻の両親には辟易したに違いない。

ところが一方、本家においては、嫡男をはじめ男子たちに対してはかかる処遇は行わない。当然といえば当然で、男子の場合は、妻の家で特別の待遇を受けるからである。したがって父にすれば、自分の息子よりも婿の方が重要になるのである。そしてそれは娘に子供が生まれると、祖父と孫は同居することになるから、孫に対する愛情はいちだんと細やかなものとなる。

貴族社会において、外戚関係はさまざまな局面において作用し、官位の昇進の点でも外戚関係に依存した部分が少なくないが、原則的にいえば、官位の昇進などは律令に規定があったように父系の論理によっていた。したがって子供が成人した後において独立し、父のもとを離れたからといって、父子の関係が断たれるわけはなく、父の栄爵《えいしゃく》は子に伝えられ、たとえば道長がその子頼通に摂政を譲ったように、一族としての発展は父系を軸にして展開されているのはいうまでもない。

天皇の外戚

以上のようにみてくると、藤原氏と天皇の外戚関係も明らかになってくる。もとより天皇の場合は、宮中にあるから貴族のごとく妻（后妃）の実家に婿として入るわけにはいかない。しかしすでに指摘されているように、そのさいは宮中に局《つぼね》をおいて、そこが妻の実家のような機能を果たしたのである。また后妃が懐妊すると、宮中を下って后妃の実家に帰って出産し、成人近くまで実家において子女の養育にあたるのであって、前に引いたが初代摂政良房の女明子《あきらけいこ》が文徳《もんとく》天皇の後宮に入り、清和《せいわ》天皇を生み育てたのは良房の染殿《そめどの》邸であったのである。のち外祖父の邸で養育を受け、践祚《せんそ》により外祖父の邸より宮中に入った例が少なくないように、天皇の場合は、外祖父との関係は緊密であったのである。

したがって天皇にとって、幼少のときより養育にあたった外戚には心を許すことができるのであって、天皇が政治に練達するまで、外戚が政治をみるのがもっとも理にかなっていたのである。このようにすることで外戚もまた政治権力を揮うことができるのである。藤原氏が自分の女を宮中に入れるのは、この外戚の権を揮うためであって、道長が相ついで娘を後宮にいれ、望月のかけたることもないとわが世の春を謳歌したのも、外戚の権を確実にできると考えたからであった。しかしいうまでもなく娘を後宮に入れたからといって、直ちに外戚関係が成立するわけではない。皇子の誕生、そしてその皇子の立太子・即位が必要な条件である。同時に外戚の権を揮うには、外戚である人がそれ相応の地位に就いていることも重要な要素となろう。このため道長は三条天皇に譲位を迫り、道長の女彰子の所生の後一条天皇の践祚を図って自らは摂政に就任することを画策したのである。しかし道長は望みどおり外戚の権を揮ったが、その子頼通《よりみち》・教通の兄弟が後宮に入れた娘には皇子の誕生をみることがなかった。

しかも皮肉なことに道長が譲位させた三条天皇の皇女禎子内親王《ていしないしんのう》が朱雀天皇の皇后に冊立《さくりつ》されたのである。藤原氏を外戚としない天皇の即位に藤原氏はただただ傍観するよりほかなかったが、その天皇が、

関白摂政ノオモクオソロシキ事ハ、帝ノ外祖ナドナルコソアレ、我ハナニトモオモハムゾ、

と言われたとき（『続古事談』）、藤原氏は為すすべを失してしまったのである。さらにその後も摂関家は外戚の運に見放されている。

摂関家が外戚の運のないのを嘆いているのをよそに、村上源氏の源顕房《あきふさ》は女賢子《けんし》を白河天皇の後宮《こうきゅう》に入れ、賢子が堀河天皇を生み、その堀河天皇が即位するにおよんで、顕房一族は次々に公卿を出し、一時、源氏出身の公卿は全体の過半数を占めるほどになった。

もっともこの源賢子は摂関家の藤原師実《もろざね》の養女という形をとって後宮に入っていたから、藤原氏もその点では擬制的血縁関係を有していたといえばいえる。しかしいずれにしろ、源氏出身の公卿《くぎょう》が過半数を占めていたことに窺われるように、藤原氏の権勢はしだいに陰を潜めつつあったのである。

また前述したが、忠実の摂政就任にさいし、外戚でないのを理由に忠実を退け、代わって摂政に就任しようとした公実《きんざね》はいわゆる閑院流の藤原氏であるが、この閑院流藤原氏も外戚の権をほしいままにした。閑院流藤原氏は九条師輔の孫公季《きんすえ》に始まり、その孫公成《きんなり》の女茂子《しげこ》が白河天皇を生み、実季《さねすえ》の女で公実の妹苡子《いし》が鳥羽天皇を、公実の女璋子《しょうし》が崇徳《すとく》天皇や後白河《ごしらかわ》天皇を生むに至り、摂関家から外戚の権を完全に奪いとってしまったのである。こうなると、血縁的関係にもとづいて形成されていた摂関家の権力は、少なくともその点で低下を余儀なくされていったのである。

ただ、だからといって摂関家に代わって、新しい外戚の臣が直ちに権力を掌握したとみるのは早計である。政治的には院政の開始によって上皇の専制化が進んでいくが、一方で摂関家は貴族社会のなかにおける最高の家格として位置づけられるのである。摂関家の場合、最高の家格として認められたのは、藤原道長流から摂関になると定められた時からではないかと考えられる。

あとがき

この度、私は『藤原摂関家の誕生』と題する本書において、平安時代史の中の藤原氏を検討してきた。ただいつもながら、取り上げなければならないのに、そこまで手が回らなかったものも少なくなく、残された問題については将来の課題としなくてはならないと考えている。しかし本書執筆のもう一つの狙いは、摂関制について、現状でどのような問題があるのかを整理し、これから平安時代史を研究される方々の参考に供したいと考えており、努めてそのような叙述を行ってきた。したがって史籍解題や史料解説的なところもある。いささか初歩的ではないかと言われるかもしれないが、研究の問題点や現状を理解するためには、問題の原点に立ち帰って考えることが必要ではないかと考えたためである。

当初、その作業に着手すると、研究上の問題点は随所に目に止まるが、必ずしも的確に答えられる研究の手薄なのに驚くとともに、私自身、どのように問題点の整理を行うべきか、適切な方針を持っていなかった。しかしそれはおいても、何よりもまず、平安時代史に関する様々な問題について、アトランダムに取り上げる中で、何らかの方向が見つかるのではないかと、文字通り暗中模索しながら整理することにした。その整理の過程で、私自身、いくつかの問題について、なお検討しなくてはならないことを教えられたように思っている。したがって、本書はある意味では、私自身の問題探査のためのものであったかもわからない。

本書は純然たる書き下ろしではない。いちいち取り上げないが、これまでいくつかの雑誌に書いたり、各地の市民講座などで口頭発表したもの、また勤務先の大学や非常勤講師として出講したときに、平安時代政治史の手引きとして講義したノート等を基にしている。したがって、全体として必ずしも統一が取れていないところがあるかもしれない。もしそのような箇所があるとすれば、ひたすらご寛容のほどをお願いする次第である。最後になったが、本書の刊行にご配慮下さった吉川弘文館編集部の方々に厚く御礼申し上げたい。

平成十四年二月

米　田　雄　介

参考文献

全体に関わるもの

北山茂夫『日本の歴史 4　平安京』中央公論社，1970
土田直鎮『日本の歴史 5　王朝の貴族』中央公論社，1971
坂本賞三『日本歴史 6　摂関時代』小学館，1974
村井康彦『日本歴史 8　王朝貴族』小学館，1974
橋本義彦『日本歴史全集 5　貴族の世紀』講談社，1969
朧谷　寿『日本の歴史 6　王朝と貴族』集英社，1991
坂本太郎・黒板昌夫編『国史大系書目解題』上巻，吉川弘文館，2001
皆川完一・山本信吉編『国史大系書目解題』下巻，吉川弘文館，2001

〔長岡京と平安京　遷都をめぐって〕

坂本太郎『新装版　六国史』日本歴史叢書，吉川弘文館，1994
吉岡眞之「日本後紀」『歴史読本』20-9臨時増刊号，歴史の名著，新人物往来社，1975
笠井純一「『日本後紀』逸文の検討」『続日本紀研究』204号，1979　このほか同氏の『金沢大学法文学部紀要』に掲載されている一連の研究
『新日本古典文学大系　続日本紀』全 5 冊，索引年表 1 冊，岩波書店，1989～1998，2000
林　陸朗『完訳註釈続日本紀』全 7 冊，現代思潮社，1986～1989
直木孝次郎他『続日本紀』全 4 冊，東洋文庫，平凡社，1986～1992
福山敏男・中山修一『新版　長岡京発掘』日本放送出版協会，1984
中山修一「長岡京から平安京へ―交通と地形―」上田正昭編『都城』社会思想社，1976
林　陸朗『長岡京の謎』新人物往来社，1972
小林　清『長岡京の新研究』比叡書房，1975
山中　章『長岡京研究序説』塙書房，2001
山中　章「長岡京東院の構造と機能」『日本史研究』461号，2001
清水みき「長岡京造営論」『ヒストリア』110号，1986
清水みき「東院出土木簡の意義」『日本史研究』461号，2001
佐藤宗諄「長岡遷都の一背景」『日本史研究』461号，2001
佐藤　信「長岡京から平安京へ」『日本古代の宮都と木簡』吉川弘文館，1997
滝浪貞子『日本古代宮廷社会の研究』思文閣出版，1991

橋本義則『平安宮成立史の研究』塙書房，1995
古瀬奈津子「宮の構造と政務運営法」『日本古代王権と儀式』吉川弘文館，1998
滝川政次郎「革命思想と長岡遷都」『京制並に都城制の研究』角川書店，1967
村井康彦『古京年代記』角川書店，1973
井上満郎『平安京の風景』文英堂，1994

〔平安時代初期の政変〕

阿部　猛『新訂版　平安前期政治史の研究』高科書店，1990
北山茂夫「藤原種継事件の前後」『日本古代政治史の研究』岩波書店，1959
山田英雄「早良親王と東大寺」『南都仏教』12号，1962
高田　淳「早良親王と長岡遷都」林陸朗先生還暦記念会編『日本古代の政治と制度』続群書類従完成会，1985
西本昌弘「藤原種継事件の再検討」『歴史科学』165号，2001
大塚徳郎「平安初期の政治史上における平城朝」(『史潮』69号，1959．『平安初期政治史研究』吉川弘文館，1969)
門脇禎二「律令体制の変貌」(『岩波講座日本歴史　古代３』岩波書店，1971．『日本古代政治史論』塙書房，1981)
北山茂夫「平城上皇の変についての一試論」『続万葉の世紀』東京大学出版会，1975
橋本義彦「薬子の変私考」『平安貴族』平凡社選書，1986
福井俊彦「承和の変についての一考察」『日本歴史』260号，1970
玉井　力「承和の変について」『歴史学研究』286号，1964
山中　裕『平安人物志』東京大学出版会，1974
坂本太郎『新装版　菅原道真』人物叢書，吉川弘文館，1990

〔成立期の摂関制（一）（二）〕

坂本太郎『新装版　六国史』日本歴史叢書，吉川弘文館，1994
米田雄介「摂政制の源流」横田健一編『日本書紀研究』第11冊，塙書房，1979
土田直鎮「公卿補任の成立」『奈良平安時代史研究』吉川弘文館，1992
坂本太郎「藤原良房と基経」『古典と歴史』吉川弘文館，1972
福井俊彦「藤原良房の任太政大臣について」『史観』75号，1967
竹内理三「摂政・関白」『律令制と貴族政権』第２部，御茶の水書房，1956
佐伯有清『新装版　伴善男』人物叢書，吉川弘文館，1986
今　正秀「摂政制成立考」『史学雑誌』106-１号，1997
坂上康俊「関白の成立過程」笹山晴生先生還暦記念会編『日本律令制論集』下，吉川弘文館，1993
坂本賞三「一人諮問ノ由来」『神戸学院大学人文学部紀要』１，1991

森田　悌『平安時代政治史研究』吉川弘文館，1978
森田　悌『解体期律令政治社会史の研究』，国書刊行会，1982
春名宏昭『律令国家官制の研究』吉川弘文館，1997
大津　透『律令国家支配構造の研究』岩波書店，1993
吉川眞司『律令官僚制の研究』塙書房，1998
今　正秀「王朝国家政治機構の構造と特質」『ヒストリア』145号，1995
玉井　力「十，十一世紀の日本摂関政治」『岩波講座日本通史 6　平安時代の貴族と天皇』岩波書店，1995
佐々木宗雄『平安時代国制史研究』校倉書房，2001

〔律令制と貴族制〕

野村忠夫『増訂版　律令官人制の研究』吉川弘文館，1978
『シンポジウム日本歴史 4　律令国家論』学生社，1972
石母田正「古代官僚制」『日本古代国家論』第 1 部，岩波書店，1973
長山泰孝「古代貴族の終焉」(『続日本紀研究』214号，1981.『古代国家と王権』吉川弘文館，1992)
早川庄八『日本古代官僚制の研究』岩波書店，1986
早川庄八『天皇と古代国家』講談社学術文庫，2000
橋本義彦『平安貴族社会の研究』吉川弘文館，1976
倉本一宏『摂関政治と王朝貴族』吉川弘文館，2000

〔藤原氏の経済的基盤〕

竹内理三「貴族政治とその背景」『律令制と貴族政権』第 2 部，御茶の水書房，1958
高橋　崇『律令官人給与制の研究』吉川弘文館，1970
時野谷滋『律令封禄制度史の研究』吉川弘文館，1977
竹内理三「律令官位制に於ける階級制」『律令制と貴族政権』第 1 部，御茶の水書房，1957

〔執政の家〕〔日記　儀式と故実の手鑑〕

竹内理三「口伝と教命」『律令制と貴族政権』第 2 部，御茶の水書房，1958
宮内庁書陵部編『図書寮典籍解題』歴史篇・続歴史篇，養徳社，1950・1951
高橋隆三先生古稀記念論文集刊行会編『古記録の研究』続群書類従完成会，1970
國學院大學日本史研究室編『日本史籍論集』上下，吉川弘文館，1969
吉岡眞之「『延喜式覆奏短尺草写』の研究」『國學院大學大學院紀要』(文学研究科) 31，2000
古瀬奈津子『日本古代王権と儀式』吉川弘文館，1998

所　　功『平安朝儀式書成立史の研究』国書刊行会，1985
所　　功『宮廷儀式書成立史の再検討』国書刊行会，2001
西本昌弘『日本古代儀礼成立史の研究』塙書房，1997
松薗　斉「王朝日記“発生”についての一試論」『日本歴史』634号，2001

〔外戚　もう一つの権力〕

土田直鎮「摂関政治に関する二，三の疑問」『奈良平安時代史研究』吉川弘文館，1992
橋本義彦『平安貴族社会の研究』吉川弘文館，1976
高群逸枝『高群逸枝全集２，３　招婿婚の研究』理論社，1966
元木康雄「摂関政治の衰退」上横手雅敬監修『古代・中世の政治と文化』思文閣出版，1994
玉井　力「『院政』支配と貴族官人層」『平安時代の貴族と天皇』岩波書店，1995

著者紹介

一九三六年、兵庫県に生まれる
一九六四年、大阪大学大学院文学研究科博士課程単位取得退学
前正倉院事務所長、前県立広島女子大学教授
文学博士

主要著書
郡司の研究　古代国家と地方豪族　正倉院宝物の歴史と保存　正倉院と日本文化　正倉院宝物の故郷　正倉院宝物と平安時代

歴史文化ライブラリー
141

藤原摂関家の誕生
平安時代史の扉

二〇〇二年(平成十四)六月一日　第一刷発行

著　者　米《よね》田《だ》雄《ゆう》介《すけ》

発行者　林　英男

発行所　株式会社　吉川弘文館
東京都文京区本郷七丁目二番八号
郵便番号一一三―〇〇三三
電話〇三―三八一三―九一五一〈代表〉
振替口座〇〇一〇〇―五―二四四
印刷＝平文社　製本＝ナショナル製本
装幀＝山崎　登

歴史文化ライブラリー

1996.10

刊行のことば

現今の日本および国際社会は、さまざまな面で大変動の時代を迎えておりますが、近づきつつある二十一世紀は人類史の到達点として、物質的な繁栄のみならず文化や自然・社会環境を謳歌できる平和な社会でなければなりません。しかしながら高度成長・技術革新にともなう急激な変貌は「自己本位な刹那主義」の風潮を生みだし、先人が築いてきた歴史や文化に学ぶ余裕もなく、いまだ明るい人類の将来が展望できていないようにも見えます。

このような状況を踏まえ、よりよい二十一世紀社会を築くために、人類誕生から現在に至る「人類の遺産・教訓」としてのあらゆる分野の歴史と文化を「歴史文化ライブラリー」として刊行することといたしました。

小社は、安政四年（一八五七）の創業以来、一貫して歴史学を中心とした専門出版社として書籍を刊行しつづけてまいりました。その経験を生かし、学問成果にもとづいた本叢書を刊行し社会的要請に応えて行きたいと考えております。

現代は、マスメディアが発達した高度情報化社会といわれますが、私どもはあくまでも活字を主体とした出版こそ、ものの本質を考える基礎と信じ、本叢書をとおして社会に訴えてまいりたいと思います。これから生まれでる一冊一冊が、それぞれの読者を知的冒険の旅へと誘い、希望に満ちた人類の未来を構築する糧となれば幸いです。

吉川弘文館

〈オンデマンド版〉
藤原摂関家の誕生
平安時代史の扉

歴史文化ライブラリー
141

2019年（令和元）9月1日　発行

著　者　米《よね》田《だ》雄《ゆう》介《すけ》
発行者　吉川道郎
発行所　株式会社　吉川弘文館
〒113-0033　東京都文京区本郷7丁目2番8号
TEL　03-3813-9151〈代表〉
URL　http://www.yoshikawa-k.co.jp/

印刷・製本　大日本印刷株式会社
装　幀　清水良洋・宮崎萌美

米田雄介（1936～）

ISBN978-4-642-75541-2